CES GESTES
VOUS TRAHISSENT

Joseph MESSINGER

CES GESTES VOUS TRAHISSENT

FIRST-Vie *pratique*
Une collection des Éditions générales F1RST

Opposant l'amour de la vie à l'amour de la mort dans son ouvrage intitulé : *« Le cœur de l'homme »*, Erich Fromm nous rappelle que l'un comme l'autre s'expriment par des gestes plutôt que par des idées, par un ton de voix plutôt que par des paroles.

CRÉDIT PHOTO

Toutes les photos reproduitesdans ce livre sont des photos de l'agence Stills. L'auteur s'en est servi pour illustrer l'interprétation personnelle qu'il fait des gestes les plus courants. S'agissant de personnes publiques, parfois photographiées en studio lors de séances de poses, il est toutefois possible que l'interprétation donnée en légende ne corresponde pas à la réalité.

© **Photos** : page 49, Pat-Garcia/Stills ; page 55, S. Arnal/Stills ; page 79, P. Falour/Stills ; page 84, P. Falour/Stills ; page 86, Onyx Reed/Stills ; page 88, S. Arnal/Stills ; page 91, Patrice Falour ; page 92, Media Press Sarl/Stills ; page 95, Mambert/Stills ; page 96, Mamberti/Stills ; page 99, Camhi/Stills ; page 107, Govin-Sorel/Stills ; page 108, Saulnier/Stills ; page 121, P. Falour/Stills ; page 128, Europictures/Stills ; page 129, Pat-Arnal/Stills ; page 131, Europictures/Stills ; page 148, Falour/Stills ; page 150, Di Filippo/Stills ; page 151, Lebedinsky/Stills ; page 170, Falour/Stills ; page 171, J.M. Siaud/Stills ; page 213, Arnal-Garcia/Stills ; page 222, F. Camhi/Stills ; page 231, Stills ; page 243, Stills ; page Le Morvan/Stills ; page 265, P. Falour/Stills

Tél. : (1) 45 44 88 88 - Fax : (1) 45 44 88 77
ISBN : 2-87691-246-5.
Dépôt légal : 2e trimestre 1994

TABLE DES MATIERES

DEUXIÈME PARTIE
LES OBJETS « CORPORALISES »

TROISIÈME PARTIE
DE LA TÊTE AU MENTON

QUATRIÈME PARTIE
DU COU AU POSTERIEUR

CINQUIÈME PARTIE

DES BRAS AUX JAMBES

INTRODUCTION

Ce qui fait toute la différence entre un comédien célèbre et les bataillons de bateleurs qui s'échinent à réussir leur entrée en scène, réside dans le mariage entre le langage de leurs corps, leurs qualités plastiques et la tessiture de leur voix. Si le premier s'absente du jeu, les deux autres ne pourront compenser cette absence quels que soient les efforts ou le travail investi par l'acteur. Le succès ne s'y trompe pas : il ne colle pas aux dents des stars et autres vedettes, il leur colle aux gestes.

Dans le même ordre d'idée, les gagnants de notre société de consommation en crise sont toujours des individus dont les gestes s'accordent inévitablement à leur climat mental. Ce qui paraît évident dans la mesure où la culture de la réussite chasse de leur esprit toute idée morbide ou toute éventualité d'échec et, par voie de conséquence, toute attitude corporelle disqualifiante pour leur image. Le talent débute avec les apparences dans lesquelles notre corps se conforte. L'échec s'entérine dans la multiplication des gestes qui sonnent faux. Enfin, le succès se manifeste à partir d'une constellation de gestes reposant sur une attitude mentale ouverte au monde, a priori.

J'ai commencé un jour à prêter attention à ma propre communication non verbale et aux gestes involontaires que je privilégiais, avant de réaliser que chacun d'entre eux se reproduisait en regard d'un même contexte social ou dans le droit fil d'un même climat mental. J'ai ensuite élargi mon observation à mes proches, mes patients ou les chefs d'entreprise que j'étais amené à rencontrer régulièrement dans le cadre de mes activités de psychologue-consultant. A la longue, la pratique de l'observation-écoute est devenue pour moi une seconde nature, voire un vice. J'allumais souvent la télévision pour assister à des débats aussi insipides qu'ennuyeux afin d'observer les animaux sociaux qui emplissaient l'écran de leurs attitudes. Je les regardais sans préjugés jusqu'au jour où je constatai que discours verbal et communication non verbale ne s'exprimaient pas toujours à l'unisson. En repassant certains enregistrements d'émissions à plusieurs reprises, je considérai que leur gestes correspondaient bien plus aux humeurs qu'ils affichaient qu'à ce qu'ils disaient.

A l'instar de la richesse ou de la pauvreté du discours, le langage gestuel d'un individu suit le mouvement, c'est-à-dire qu'il est toujours fonction de son niveau de culture, de son rang social ou de sa position professionnelle. J'ai très vite constaté que les individus à hautes responsabilités puisaient dans un registre gestuel nettement plus varié ou plus large que la majorité.

La qualité des gestes ou des attitudes me semblait être aussi fonction du quotient intellectuel ou du niveau de responsabilités des sujets observés. Par contre, la portée balistique, pour ainsi dire, des attitudes ou des gestes ne dépendait pas forcément des deux derniers critères évoqués. Ce que je nomme portée balistique d'un geste englobe le degré de charisme qu'il véhicule. Ce type de communication est le propre des individus destinés à séduire la masse : politiciens, chanteurs, acteurs ou comédiens.

Je citerai quatre de ces gestes privilégiés par les leaders d'opinion et dont le lecteur retrouvera les interprétations dans cet ouvrage :

GESTE N° 32. Votre interlocuteur (masculin et droitier), **en position assise** pose sa **jambe** droite en équerre sur sa jambe gauche.

GESTE N° 96. Votre interlocutrice enroule une mèche de ses **cheveux** autour de l'un de ses index, **coude en appui**.

GESTE N° 109. Il appuie son poing droit refermé légèrement décalé sur son **front, coude en appui**.

GESTE N° 232. Il se **gratte** la paume de la main gauche.

Quatre gestes banals en soi mais que l'on retrouve souvent chez les individus qui vivent de leur image, c'est-à-dire les leaders d'opinion, et autres stars.

Ainsi donc, nos gestes conditionnent nos chances de succès. Est-ce tellement invraisemblable? Et si nous portions en nous les gènes nécessaires et suffisants de notre personnalité gestuelle quelles que soient nos racines?

Des jumeaux abandonnés par leur mère furent adoptés par des familles de milieux sociaux totalement différents. Le premier grandit dans une famille bourgeoise de la région de New York tandis que son frère fut élevé dans une ferme du Wisconsin. Séparés dès la naissance, ils ignoraient l'un et l'autre leur lien de parenté. Tous deux firent pourtant des études de droit et devinrent avocats dans deux grandes villes, distantes de plus d'un millier de kilomètres. Ils finirent bien évidemment par se retrouver face à face, après des péripéties que je passerais sous silence. Cette anecdote est authentique et connue de nombreux psychologues qui ont effectué des recherches sur le psychisme des jumeaux homozygotes (issus du même œuf). Elle n'est pas unique en son genre. J'y ai fait appel afin de conforter mon hypothèse soulignée plus haut. Certains individus parviennent au faîte d'une carrière politique alors qu'ils sont issus d'un milieu défavorisé. Peut-on raisonnablement expliquer leur réussite en se fondant sur leur intelligence, leur ambition, leur sens politique inné ou toutes les autres qualités qui viendraient à l'esprit? Ouvrez les yeux! Observez ces hommes et ces femmes sans préjugés et sans idées préconçues! Ils possèdent tous un *plus* qui leur a permis d'accéder aux plus hautes responsabilités. Et ce *plus* pourrait parfaitement se situer au niveau de leur personnalité gestuelle ou encore dans la richesse innée de leur ordinateur social.

Pourquoi Gérard Depardieu et non x ou y? Pourquoi Coluche et non l'un de ses « potes » de la zone? Le talent? Bien sûr, il est essentiel, mais étaient-ils les seuls à en avoir? La chance? Elle a bon dos quand il s'agit des autres. Le travail? Insuffisant! Qu'avaient-ils de plus que vous ou moi à l'époque de leurs vingt ans? Rien sinon de l'ambition, des rêves, des espoirs comme nous tous. Il est trop facile de faire porter le chapeau au destin ou à la roue de la Fortune. Chacun croit en ce qu'il veut ou en ce qui l'arrange. Personnellement, je crois que son langage gestuel aide puissamment un jeune acteur de talent à se démarquer. Demandez donc leur avis aux réalisateurs ou aux metteurs en scène de théâtre! Je crois aussi qu'un chanteur peut durer parce que son langage gestuel ou mimique plaît à son public bien plus que sa voix, son physique, l'originalité de son habillement ou la richesse de son répertoire. Je crois qu'une star est avant tout une somme de gestes, de postures naturelles ou d'attitudes corporelles harmoniques avant d'être une star. En l'occurrence, on peut considérer Madona comme le parangon de cette hypothèse. De la même manière qu'un chien reproduit les attitudes mimiques et gestuelles de sa race et non celles d'une race différente avant de représenter sa spécificité par son pelage ou la qualité de ses prouesses. Ce qui pourrait donner à penser que nous serions prédisposés au succès, à la réussite ou à l'échec, quelles que soient nos origines.

Il suffirait de savoir viser son niveau de compétence, en quelque sorte. Le talent ne serait pas la panacée pas mais rien ne se ferait sans son émergence? Je pense, pour ma part, que tout individu capable de faire la différence entre ses conduites utiles, nécessaires ou essentielles, et celles qui le disqualifient aux yeux des autres ou à ses propres yeux, peut se prédisposer au succès, en quelque sorte, et transformer, par ce biais, la somme de ses attitudes corporelles. Quant aux talents, rassurez-vous, nous en avons tous plusieurs en réserve dans la mesure où nous transportons, dans nos gènes, une bibliothèque d'expériences ancestrales aussi vaste et aussi riche que celles qui sont contenues dans des millions de livres. Bien sûr, l'éducation, les acquis interviennent pour beaucoup dans la multiplication de nos chances mais ce n'est là qu'une partie du mécanisme qui gère l'ensemble.

La somme des gestes privilégiés est toujours la traduction du climat mental d'un individu. Et ce climat, c'est un peu comme la météo habituelle d'une région du globe. Il peut varier du tout au tout suivant les contextes vécus par l'individu ou se fixer dans un état mental plus ou moins idéal avec des écarts brusques mais rapidement contrôlés.

A mon avis, le psychisme individuel se modèle à partir de la relation que le corps entretient avec son environnement.

Si le geste est efficace dès le départ, l'organisation mentale suivra le mouvement. S'il est apragmatique à l'origine, le psychisme s'y adaptera également. Prenez dix adolescents qui apprennent à jouer de la guitare. Neuf d'entre eux en seront toujours au même point, peu ou prou, dix ans plus tard tandis qu'un seul deviendra un guitariste de talent, voire un virtuose. Du talent, ils en avaient tous initialement. Mais seuls les doigts du dixième se sont adaptés au manche de sa guitare. Pourquoi? Parce que la relation qu'ont entretenu ses doigts avec le manche de sa guitare correspondait, a priori, à une capacité innée stockée dans ses gènes.

On peut épiloguer sur des centaines de pages à ce sujet. Tel n'est pas mon but en écrivant ce livre. J'ai l'esprit plus pragmatique que spéculatif et je suis porté naturellement à envisager les choses sous leur aspect comportemental plutôt qu'analytique. J'ai donc choisi d'écrire un lexique pratique au lieu d'un traité monographique sur la portée du geste. Je me suis permis d'y ajouter une touche d'humour. Que le lecteur me pardonne ce caprice qui n'ôte rien au sérieux de mes recherches et des conclusions que je lui livre dans cet ouvrage mais certains gestes sont franchement cocasses lorsqu'on les change de contexte. On pourrait comparer cela à des *lapsus linguae*!

LES REGLES D'INTERPRETATION

La démarche qui m'a permis de pénétrer la signification des gestes et des attitudes corporelles est simple à comprendre. Simplicité qui disparaît quand il s'agit d'appliquer les règles, évidemment.

1re règle
La traduction d'un geste social précède, accompagne ou suit toujours le discours du sujet observé. Elle est en quelque sorte contenue dans le sens de ses propos. Il est donc indispensable d'associer observation et écoute, ce qui n'est pas une sinécure sans entraînement. **Ce sont les gestes sous-titrés**!

2e règle
Certains gestes sont réactionnels à des contextes émotionnels ou à une situation d'écoute pure. Ils s'interprètent en fonction de la situation vécue par le sujet observé. Le petit écran est un excellent média d'apprentissage de ce type d'attitudes gestuelles. **Ce sont les gestes réactionnels**!

3e règle
L'auto-observation en solitaire ou en situation sociale permet de traduire la majorité des séquences gestuelles, de manière subjective. En posant l'hypothèse que ces mêmes attitudes reproduites par des inconnus ont une signification identique, je me suis aperçu que mêmes si nous sommes tous différents psychologiquement, nous sommes fortement semblables du point de vue de nos comportements gestuels.

Ces quelques règles sont celles que propose Desmond Morris dans le droit fil de son ouvrage intitulé : « *Manwatching* ».

UN LEXIQUE DE 500 GESTES COURANTS

Dresser un lexique des attitudes corporelles courantes ou des gestes significatifs n'est pas une sinécure. Le point de départ de ma collection de gestes se situe il y a de nombreuses années déjà. Je me suis souvent demandé pourquoi une négociation ou une conversation banale aboutissait parfois à une fin de non recevoir alors que les prémices paraissaient encourageantes. A l'analyse, il m'était possible de cerner les erreurs d'argumentation commises mais certaines raisons demeuraient obscures, inaccessibles à l'esprit critique. Jusqu'au jour où je réalisai que les consciences des interlocuteurs en présence n'étaient pas les seules invitées au débat. Les corps bougeaient constamment et surtout involontairement. Ces changements de positions ou ces gestes répétés avaient-ils la moindre signification? Je m'attachai tout d'abord à observer une partie limitée du corps humain dont les mouvements me semblaient, de toute évidence, involontaires : les jambes de mes interlocuteurs, mais aussi les miennes, et ce, en rapport avec la situation vécue. Or, le cobaye le plus facile à recruter pour entamer une recherche, c'est encore soi-même. Et voilà comment les gestes ont commencé à perdre leur anonymat!

Il existe des milliers de gestes, postures corporelles ou *séquences gestuelles*, comme je les nommerai parfois, et qui sont la traduction littérale des multiples variations du climat mental. Langage involontaire qui sert de décor à la pensée ou au discours, chaque geste est un signal réactionnel indiquant l'état réel dans lequel baigne la conscience d'être en mouvement perpétuel.

Si nous voulons bien accepter l'idée que tout sentiment qui nous anime, toute pensée qui nous traverse l'esprit, toute réflexion structurée ont besoin de leurs équivalents gestuels pour s'équilibrer, la séquence gestuelle involontaire nous apparaît sous un jour nouveau.

De l'anxiété à la satisfaction d'un désir, du sentiment de culpabilité à celui de frustration, aucun affect n'échappe, en vérité, à sa traduction corporelle impulsive. Depuis la manière d'allumer une cigarette, de la fumer, de l'écraser jusqu'à celle de s'asseoir à la terrasse d'un bistrot, chacune de nos attitudes est programmée en fonction du climat psychique qui prévaut *ici et maintenant*. Aucun de nos gestes n'est gratuit, aucune de nos postures corporelles ne se manifeste par hasard. A l'instar de l'organisation du discours verbal, il semble qu'il existe une organisation non consciente du langage gestuel qui devrait être, en toute logique, dirigée par la partie subconsciente qui gère notre discours impulsif.

Comme vous avez déjà pu le constater, il est quasiment impossible d'empêcher le corps d'accompagner la parole. Ce constat nous conduit tout naturellement à poser l'hypothèse que ces gestes, aussi impulsifs qu'ils puissent nous paraître, pourraient bien être significatifs.

Traquer les gestes exige un sens de l'observation exercé en même temps qu'une réelle dose d'empathie. Chaque mouvement du corps est significatif. Il traduit en permanence le cursus de la pensée en mouvement tout en sous-titrant le discours. Les gestes qui nous échappent trahissent souvent l'atmosphère dans laquelle baigne notre attitude mentale. Et de l'attitude mentale à l'attitude corporelle, le temps de réaction est tellement rapide que la conscience n'a ni le temps, ni les moyens d'empêcher le geste de se produire. Certains de ces gestes sont notre marque de fabrique, une espèce de *tic-maison* dont la fréquence finit toujours par être remarquée par nos proches ou nos interlocuteurs! Leur caractère répétitif fait partie, soit de notre personnalité de base, soit des contextes psychotoxiques (pollution psycho-sociale) dans lesquels la vie nous plonge régulièrement. Les gestes significatifs sont innombrables, voire indénombrables. On peut considérer qu'il en existe presque autant que les mots ou que les expressions toutes faites qui nous permettent de communiquer verbalement.

IMITER POUR APPRENDRE

La crédibilité d'un individu passe obligatoirement par le langage de son corps au même titre qu'elle repose sur la qualité de son discours.

Pour comprendre les gestes de nos contemporains, il faut les apprendre en les reproduisant si possible devant un miroir, comme s'il s'était agi d'une langue étrangère. La mise en scène d'une séquence gestuelle est un jeu d'acteur ou de mime. De la même manière qu'un comédien apprend à écraser une cigarette dans un cendrier afin que son geste, aussi banal soit-il, ne passe pas inaperçu du public. Bien plus qu'en visualisant un dessin ou une photographie, le langage des attitudes corporelles se mémorise en mimant les descriptifs de chacune des séquences gestuelles reprises dans cet ouvrage. Car les gestes aussi naturels qu'ils puissent être ne sont pas toujours aussi qualifiants pour notre ego qu'on voudrait bien le croire.

A priori, il ne s'agit pas de mémoriser ces descriptifs et leur signification — exploit bien inutile — mais de s'imprégner des sentiments qu'ils véhiculent dans notre attitude mentale. Certaines des séquences décrites font d'ailleurs certainement partie de vos refrains gestuels. Vous pourrez ainsi d'autant mieux en apprécier la traduction qui en est faite. D'autres appartiennent à vos collègues, vos supérieurs hiérarchiques ou à vos clients. Elles vous apprendront à mieux les connaître ou à appréhender leurs réactions et à vous éviter des déconvenues, le cas échéant.

Je vous propose de considérer cette approche particulière du langage des gestes comme une sorte de jeu pédagogique, doublé d'un exercice profitable d'auto-observation. Votre propre langage gestuel s'affinera dans la foulée grâce à la pratique quotidienne du mime en vase clos. Sans oublier qu'étant concerné, vous développerez involontairement votre sens de l'observation-écoute.

*

Le climat de votre attitude mentale domine l'atmosphère de vos sentiments, obligeant parfois votre corps à se plier à des attitudes inconfortables. En repérant, à la longue, les refrains gestuels qui vous caractérisent, vous serez en mesure de séparer les bonnes attitudes de celles qui trahissent un climat mental morbide, voire tout simplement négatif. Vous apprendrez dès lors à les déprogrammer d'instinct au profit de celles qui vous valorisent. Votre harmonie gestuelle est à ce prix. Car s'il est aisé de comprendre qu'une psychothérapie bien menée peut chasser les miasmes de l'esprit malade, le fait de prendre conscience des attitudes corporelles qui offrent à votre entourage une image disqualifiante de ce que vous êtes censé représenter, peut atteindre le même but, bien que ce ne soit pas là l'objectif de cet ouvrage. Disons que cette suggestion n'en est qu'une valeur ajoutée pour ceux qui considèrent que leur image a autant d'importance que leur discours. Il vous est loisible de vous attacher à traquer les séquences gestuelles de votre entourage professionnel et d'ignorer superbement celles qui vous animent, si cela est votre bon plaisir. Cependant, il vous arrivera très vite de réaliser que, le simple fait de poser vos pieds à plat sur le sol, au lieu de croiser vos jambes par exemple, traduit une attitude plus constructive en même temps qu'une assise plus roborative de l'image que vous offrez à votre interlocuteur.

On peut observer un gorille en train de se tourner les pouces et se demander, à l'occasion, ce que signifie ce geste si typiquement humain alors qu'on se surprend à le reproduire soi-même machinalement (vous trouverez d'ailleurs l'interprétation de ce geste au n° 457).

Si vous possédez une caméra vidéo, n'hésitez pas à vous filmer tandis que vous jouerez à adopter les différentes séquences gestuelles reprises dans ce volume. Visionnez-les ensuite pour identifier celles qui vous avantagent. Vous transformerez progressivement le paysage gestuel que vous dispensiez bien malgré vous jusqu'à ce jour. Car en procédant de la sorte, vous découvrirez que certaines *attitudes corporelles gratifiantes,* dont la signification vous échappait, deviendront rapidement de véritables armes anti-stress dont vous ressentirez les effets bénéfiques en situation d'examen ou de négociation difficile. Conserver une attitude corporelle ouverte face à un supérieur hiérarchique qui vous passe un savon n'est pas une gageure. C'est pourtant le seul type d'attitude propice à *limiter les dégâts.*

En outre, je pose l'hypothèse que la crédibilité d'un individu passe d'abord par la somme de ses séquences gestuelles avant qu'elle ne se fonde sur son discours ou son expérience professionnelle.

*

Loin de moi, l'idée d'ôter le pain de la bouche des kinésithérapeutes mais il me semble évident que nombre d'attitudes corporelles sont à l'origine des nœuds ou kystes d'énergie bloquée dont notre musculature et nos articulations sont percluses. Ne suffit-il pas de serrer les poings pour contracter les muscles du dos ou plus particulièrement les trapèzes inférieurs et les angulaires situés entre les omoplates et le haut du dos? Faites-en l'expérience en vous concentrant sur les réactions discrètes de votre corps! La carapace musculaire accompagne chacune de nos pensées, de nos paroles ou de nos gestes en bien comme en mal. Pourquoi une attitude corporelle inappropriée offrirait-elle une image qualifiante à votre interlocuteur alors qu'elle entérine la racine d'une souffrance musculaire future ou renforce plus souvent certaines douleurs profuses déjà existantes? Toute situation de stress trouve automatiquement un écho dans les chaînes musculaires ou articulaires par le truchement des postures d'auto-protection, de refus ou de rejet dont nous abusons sans cesse. Quand l'esprit dit *non,* le corps en souffre. Les attitudes oppositionnelles sont des attitudes globales dont les effets psychosomatiques se manifestent inévitablement tôt ou tard.

UN GESTE, DES INTERPRETATIONS

Le langage des gestes n'a pas toujours la même signification suivant l'atmosphère dans laquelle baigne l'individu observé. Qui plus est, il existe différents registres de traduction qui sont tous fonction du contexte dans lequel il se situe.

Le présent ouvrage aborde essentiellement le contexte professionnel et ne traite pas de ce même langage dans les registres aussi divers que sont : la *séduction*, la codification des gestes *du couple*, la somme des attitudes qui régissent les rapports *entre la mère et l'enfant*, sans oublier le langage gestuel qui unit le *moi à l'inconscient de l'individu* solitaire ou celui dont il use dans *ses rapports amicaux*. La liste n'est pas close, loin s'en faut. En effet, nous brossons ci-dessous un bref aperçu des multiples registres du langage gestuel :

LES GESTES PROFESSIONNELS
LES GESTES DE LA SEDUCTION
LES GESTES DU COUPLE
LES GESTES MERE-ENFANT
LES GESTES DU MOI ET DE L'INCONSCIENT
LES GESTES SOCIAUX
LES GESTES TELEVISUELS
LES GESTES POLITIQUES
LES GESTES DU PROFESSEUR ET DE L'ELEVE
LES GESTES COMMERCIAUX
ETC.

Soit, autant de registres différents que de contextes sociaux dans lesquels nous évoluons quotidiennement ou auxquels il nous est donné d'assister.

GESTES VALORISANTS ET GESTES DISQUALIFIANTS

Le modèle de fonctionnement psychique de l'Homme n'est malheureusement pas binaire comme celui de l'outil informatique. Le sens logique allié à l'imaginaire permettent à l'individu de multiplier les réponses jusqu'à noyer le *oui* franc et massif ou le *non* catégorique sous une montagne de formules qui confinent au flou artistique. Les « oui, mais... », « oui, mais non », « non, mais... » précèdent toujours une série de justificatifs qui donnent à penser que rien n'est véritablement définitif dans le mouvement incessant de la pensée et que affirmation et négation ne peuvent se passer l'un de l'autre, se servant d'une conjonction de coordination pour négocier les revirements toujours possibles de l'attitude mentale. Les séquences gestuelles indiquant l'adhésion ou le refus sont bien forcées de se soumettre à ces fluctuations puisqu'elles dépendent étroitement du climat psychique.

Au début de mes recherches sur le langage gestuel, j'ai recherché un mode de classement des séquences observées sous des intitulés affirmatifs ou négatifs, procédure qui s'est vite révélée inepte : l'individu est susceptible d'alterner les gestes positifs (valorisants) et négatifs (disqualifiants) au cours d'une même conversation, voire d'un monologue au cours duquel personne ne s'aventure à le contredire.

Si certaines séquences se révèlent franchement disqualifiantes pour l'image que nous offrons à notre interlocuteur en situation de négociation, elles peuvent perdre toute connotation négative dans un registre différent. Un croisement de jambes qui annoncerait une attitude oppositionnelle dans le contexte d'une négociation signifiera tout autre chose dans le registre du moi et de l'inconscient, registre dans lequel l'individu s'auto-observe sans témoin. En effet, dans ce registre particulier : s'il croise généralement la jambe gauche sur la droite alors qu'il est droitier de sexe masculin, cela signifiera tout simplement qu'il s'identifie à l'image maternelle tandis que dans le cas contraire, il s'identifiera à l'image paternelle.

L'interprétation des mouvements du corps n'a de sens que si elle est déclinée en fonction des différents contextes vécus par l'individu. Sa démarche sera différente s'il se trouve dans un jardin public de celle qu'il imprimera à son corps dans un quartier à risques. Question d'adrénaline! Les réactions sociales d'un médecin seront fonction du cadre dans lequel il se situe, cabinet médical ou restaurant, lieu professionnel ou lieu de détente anonyme. Nous fonctionnons tous sur différents registres du point de vue psycho-social. Il n'y a qu'à songer à la manière dont vous vous exprimez en présence d'un supérieur hiérarchique, comparativement à votre attitude verbale dans un cadre amical. Pourquoi en irait-il autrement de notre mode de réaction gestuelle? Qui n'a jamais constaté le changement de tessiture vocale d'un correspondant téléphonique suivant qu'il a affaire à un inconnu ou à un intime? Le passage d'un registre à l'autre fait partie de la faculté d'adaptation de l'être humain. Cette faculté complique aussi toutes les procédures analytiques qui touchent à ses comportements.

LES GESTES DU DIALOGUE PROFESSIONNEL

Intervenant et auditeur forment un couple dans lequel chacun des deux personnages en présence prend la parole à son tour. En principe. Mais il arrive souvent que l'intervenant monopolise le temps de parole et force, dès lors, l'auditeur à l'écouter ou à se taire. Il arrive tout aussi souvent que les débatteurs parlent en même temps, s'exprimant alors avec force gesticulations pour contrecarrer leurs arguments respectifs. A ce titre, n'importe quel débat télévisuel est un véritable morceau d'anthologie gestuel. Dans certains cas de figure, l'intervenant est professeur, politicien ou conférencier. Il est alors normal qu'il s'exprime devant ses élèves, ses électeurs ou ses auditeurs sans être interrompu de manière abrupte. Quelle que soit la situation dans laquelle se situent les sujets observés, les gestes ou les postures, adoptés involontairement par les parties en présence, sont toujours interdépendants des propos échangés et, surtout, du contexte.

Dans le cadre d'une intervention professionnelle, la *portée balistique* d'une séquence gestuelle peut être incommensurable. Combien de contrats se sont perdus dans les sables d'un naufrage inattendu, pour des raisons complètement irrationnelles aux yeux des négociateurs, à cause d'une séquence gestuelle répétitive que personne n'avait prise en compte.

Je me suis retrouvé, un jour, dans l'obligation de convaincre un spécialiste de la formation en entreprise de la validité d'une technique d'évaluation appliquée aux comportements humains. Mon hôte m'avait convoqué à la suite d'une conversation téléphonique enthousiaste. Il m'a reçu dans une salle de réunion, à l'angle d'une table de conférence. L'atmosphère ne cadrait pas du tout avec le ton de notre communication téléphonique. Quelque chose semblait le gêner, sans rapport avec notre entretien. J'observai qu'il croisait les jambes du côté du refus (la gauche couvrait la droite), le pied droit en retrait sous sa chaise, séquence gestuelle qui indiquait clairement que le vent avait tourné. Je tentai malgré tout de l'interpeller en lui proposant de s'évaluer au moyen de certains tests. Son attitude corporelle se détendit imperceptiblement. Il m'avoua enfin, sur le mode la confidence, que son « patron n'approuvait pas sa démarche mais qu'il *essayerait* de le convaincre *malgré tout* ». *Essayer malgré tout* est une ineptie qui ne mène à rien d'autre qu'à s'offrir une bonne conscience. Après l'avoir remercié de m'avoir reçu, je pris congé sans me faire prier. Dès le début de notre entretien, ses attitudes corporelles m'avaient clairement indiqué que nous perdions notre temps, de part et d'autre. Mais ne fallait-il pas conforter la théorie gestuelle, alors en phase d'observation?

Comme cela a déjà été évoqué, il y a une différence entre la signification d'un geste dans le cadre d'une négociation professionnelle ou d'un conflit de couple et ces mêmes postures reproduites spontanément par le sujet observé, alors qu'il est seul face à son poste de télévision ou assis dans un endroit public. De même, dans le cadre d'un entretien professionnel, il suffit parfois d'une série de gestes qui sonnent faux pour que toute une argumentation s'écroule au moment crucial. Un regard peut se substituer à une réponse de manière plus qu'éloquente. Le geste n'est-il pas le décor du discours? Peut-on imaginer un concert de musique classique dans lequel les musiciens et le chef d'orchestre assureraient leur prestation vêtus en guenilles? Pourtant, leur manière de se vêtir ne devrait en rien altérer la qualité de leur jeu. Toutefois les concertistes se produisent toujours en habits de gala, et le décor, dans cet exemple, est (presque) aussi important que la qualité du concert.

Un de mes amis nous a conté l'anecdote suivante qui illustrera encore mon propos : « je participais à une réunion en compagnie d'hommes d'affaires. Nous étions en train de conclure un arrangement satisfaisant pour les parties en présence quand l'un des négociateurs se mit à curer son oreille d'un index rageur (voir geste nº 177). Un ange passa dans la pièce. Nous l'observions tous avec, j'imagine, la même moue de dégoût. Il était parfaitement inconscient de l'inconvenance de son geste. Le négociateur adverse se leva pour se rendre aux toilettes, suivi de ses deux adjoints. L'atmosphère changea, dès leur retour. Ils avaient sans doute deviné que leur interlocuteur ne souhaitait pas conclure alors qu'il prétendait verbalement qu'il était disposé à trouver un terrain d'entente avant la fin de la réunion. L'affaire fut remise *sine die.* Indécence oblige ou sémantique gestuelle? ».

METTEUR EN SCENE : LE CLIMAT MENTAL

A force d'observations, j'ai pu constater une corrélation effective entre la fluctuation de l'attitude mentale d'un individu et son attitude corporelle spontanée. Observations encore renforcées par des exemples mimiques aussi courants que ceux qui suivent. Si votre compagnon rentre soucieux de son bureau, le masque renfrogné qu'il affichera ne pourra vous échapper. S'il s'apprête à jouer un vilain tour à l'un de vos invités, il ébauchera un sourire futé. Chaque pensée ou groupe de pensées trouve instantanément sa traduction mimique ou gestuelle sur le visage ou dans l'attitude du corps tout entier. La grimace de dégoût est universelle, du nord au sud et d'est en ouest. N'importe quel clown se fera toujours comprendre par les enfants du monde entier sans pour autant s'exprimer dans la langue du cru.

L'idéomotricité[1] de la pensée est un phénomène connu de tous les physiologistes et de tous les hypnotiseurs. Ces derniers l'utilisent par ailleurs pour plonger leurs patients en hypnose.

---

1. La création d'une pensée est l'idéation. Chaque idéation trouve sa traduction dans les chaînes musculaires du corps humain et, par conséquent, dans la motricité de celui-ci.

Chaque concept, chaque idée, chaque pensée consciente ou préconsciente, chaque image suggérée ou formée spontanément par votre cerveau suscitera automatiquement un écho musculaire dans l'une ou l'autre partie de votre corps. De même en ce qui concerne vos sentiments ou vos émotions! Un dernier exemple achèvera de vous convaincre. Vous est-il déjà arrivé de dîner en présence d'une personne qui s'épanche complaisamment sur ses ennuis intestinaux ? Imaginez la scène! Quelle serait votre réaction?

L'attitude mentale est en mouvement perpétuel. Que l'individu soit isolé ou en compagnie d'autres personnes, elle puise dans l'imagination les contenus nécessaires à son fonctionnement. De la pensée parasite à la réflexion structurée, elle influence constamment le climat mental et, par voie de conséquence, les muscles qui prolongent les remous de ce climat à la surface du corps.

LA PERSONNALITE SANS VOILE

Quand on observe le comportement gestuel d'un individu, il est pratiquement impossible de traduire instantanément la procession de ses expressions corporelles inconscientes. Il se trouve cependant que certaines d'entre elles ont un caractère répétitif, comme c'est notamment le cas dans le type de relation qu'un fumeur entretient avec sa cigarette. Il tiendra très souvent sa cigarette de la même manière. Dans ce cas précis, la façon de fumer fera donc partie d'un contexte invariable dévoilant une caractéristique comportementale du fumeur. Tire-t-il fréquemment sur sa cigarette en baissant la tête ou en la relevant? La différence entre ces deux attitudes si proches est cependant significative. Elle nous informe que nous sommes en présence de deux individus antagonistes sur le plan psychologique. Celui qui relève la tête est un individu qui investira plus d'énergie dans ses relations sociales ou affectives. Celui qui baisse la tête, en tirant négligemment sur sa cigarette, est un séducteur dont les conduites seront plus ambiguës.

Toutes les expressions corporelles ne permettent pas de sonder la personnalité de son voisin ou d'un collègue. Quelques unes des séquences gestuelles décrites nous ont permis de privilégier certaines qualités ou certains défauts courants sans entrer dans le détail. Il ne s'agit pas de construire de nouvelles étiquettes pour classer les bocaux de confiture mais simplement de repérer, dans l'ensemble, des expressions corporelles ou des attitudes relationnelles entre l'Homme et l'objet, afin d'ouvrir certaines pistes exploitables à ceux dont la profession consiste à convaincre, à persuader ou à conclure.

LA COMMUNICATION REFLEXE DU CORPS

Les réponses verbales peuvent être spontanées ou réfléchies. Certaines réponses corporelles viennent en appui du discours, d'autres échappent au contrôle conscient et révèlent trop souvent le véritable fond de la pensée. Heureusement, nos interlocuteurs ne sont pas assez attentifs ou sont généralement ignorants de ce qui se trame dans le jardin secret de leur cerveau, pensez-vous. Vous avez peut-être tort. Pour un esprit observateur, il est souvent inutile de jouer à traduire chaque expression. Il comprend d'instinct que les gestes et les propos de son interlocuteur sont en porte-à-faux, révélant un malaise latent. Il suffit de se laisser pénétrer par l'image en mouvement de son vis-à-vis pour cerner prosaïquement ce qui se passe sous son crâne.

LES REFRAINS GESTUELS

Parmi la somme des gestes qui échappent à notre conscience, il en est qui se reproduisent plus souvent que les autres parce que privilégiés inconsciemment. Ces expressions particulières se sont intégrées à nos automatismes comportementaux et appartiennent à la trame de notre personnalité. Elles sont tellement apparentes que peu de nos interlocuteurs, y font véritablement attention. Ce sont nos refrains gestuels!

Pierre croise les doigts sur sa nuque tout en basculant sa chaise en arrière. Il fait semblant d'écouter Marie, sa compagne depuis des lunes, qui lui raconte par le menu les dernières facéties de ses collègues de bureau. Marie entortille sa jambe gauche dans sa jambe droite sans y prêter attention. Son discours non verbal inconscient pourrait se traduire de la manière suivante : « Je voudrais que tu me remarques, que tu m'écoutes, que tu t'occupes de moi. J'ai besoin de ta tendresse... ». Pierre est agacé mais il ne peut l'exprimer verbalement. Son attitude gestuelle parle pour lui. Si les consciences de nos deux protagonistes ignorent superbement les messages respectifs de leurs corps, les inconscients tentent désespérément de renouer le contact amoureux. Peine perdue. Cependant, Pierre et Marie finiront par perdre de vue l'essentiel de ce qui constituait leur couple. L'homme a bien remarqué que sa compagne entortillait ses jambes quand elle lui adressait la parole. La femme a constaté que son compagnon croisait souvent ses doigts sur sa nuque quand elle tentait de l'intéresser avec l'histoire de sa vie au quotidien. Mais comment pourraient-ils se comprendre au-delà des mots? Comment s'imaginer que ces attitudes sont des signaux de détresse? Pourtant tout le monde vous dira que Pierre et Marie forment un couple aussi uni que les doigts de la main. Qui oserait dire le contraire? Ils sont toujours si amoureux l'un de l'autre... en public.

Pour le collectionneur d'expressions gestuelles, il n'est pas facile de repérer les refrains chez les sujets qu'il décide d'observer. Il faut entraîner son esprit d'observation, comme en toutes matières. Au cours d'une conversation, un individu affiche plusieurs dizaines d'attitudes. Les refrains gestuels n'émergent pas toujours. Leur production spontanée procède d'un climat particulier et d'une condition essentielle : l'émotionnalisation du débat. Sans l'apport des émotions, les gestes répétitifs demeurent absents du décor. Les interlocuteurs en présence doivent être obligatoirement concernés par le sujet qui est débattu ou l'atmosphère qui règne entre eux.

Le refrain gestuel est une production ponctuelle de type névrotique. Il ne se manifeste qu'en situation de stress, d'examen ou d'exception, en cas de conflit latent ou quand l'individu observé est acculé à défendre ses sentiments, ses idées, ses désirs, la qualité de sa vie ou son espace vital. Ce qui signifie que le contexte d'une conversation à bâtons rompus n'est pas forcément le meilleur champ d'investigation gestuelle.

De la même manière, un individu isolé préoccupé par ses soucis personnels produira plus de refrains gestuels qu'un homme heureux de prendre un verre à la terrasse d'un café.

Avant de traquer le geste, il faut tout d'abord appréhender

l'atmosphère dans laquelle évolue la personne observée. Ensuite l'examen des objets « corporalisés » (tels que lunettes, bagues, cigarettes...) portés par votre cible, sa démarche et/ou ses gestes combinés, pourront vous aider à vous faire une opinion préalable à son sujet.

LES OBJETS « CORPORALISES »

Il est intéressant d'observer les fortunes diverses des vendeurs ambulants de tresses en plastique multicolore dans les lieux touristiques de la capitale française. Certains d'entre eux ne cessent de travailler, d'autres proposent sans distinction leurs services mais se trompent de cible. Les premiers ont compris instinctivement qu'ils devaient s'adresser à des jeunes filles plutôt quelconques physiquement mais qui essayaient d'attirer l'attention sur elles en portant des bijoux de fantaisie ou des bagues en quantité industrielle, sans compter les *vrais-faux* tatouages et les breloques qui décorent chevilles, cheveux, gorges, etc.

L'observation des objets corporalisés est une piste idéale pour qui veut se lancer dans l'éthologie du genre humain ou se mettre à collectionner les gestes en découpant les photos de magazines. Ils sont faciles à repérer et vous vous souviendrez vite de la signification de chacun d'entre eux. Ce sont des refrains à demeure! Certains de ces objets font partie du registre professionnel, tels le briquet, la cigarette, les bagues ou les lunettes. D'autres appartiennent au registre du langage entre le *moi* et l'*inconscient.* J'ai privilégié les objets précités dans cet ouvrage afin de familiariser le lecteur avec l'observation de ces signaux immuables.

LES ACTEURS ET LES FIGURANTS

Chaque partie du corps, chaque attitude générique, chaque objet corporalisé est un acteur du jeu gestuel qui se moque du contrôle de la conscience et dont le metteur en scène est l'inconscient. De la racine des cheveux à la plante des pieds, le corps s'exprime à notre insu. Chacun de ses mouvements correspond à un besoin d'équilibre ou à une dépense d'énergie compensatoire. Si votre interlocuteur se pince la barbe entre le pouce et l'index, coude en appui, plus souvent qu'à l'ordinaire tandis que vous tentez de le convaincre d'adhérer à vos vues, est-ce que ce geste signifie autre chose que ce que votre interlocuteur exprime verbalement? Le geste souligne-t-il le discours ou s'inscrit-il en faux par rapport à celui-ci? Est-il possible de faire mentir son corps aussi facilement que les mots qui franchissent nos lèvres? Tout est possible quand l'intelligence humaine s'en mêle mais pour dompter les gestes involontaires qui trahissent trop souvent nos sentiments, il est indispensable de passer par un training draconien fondé sur l'auto-hypnose posturale[1].

Le classement de toutes les attitudes corporelles n'est pas aisé dans la mesure où **chacun d'entre nous observe les choses d'un point de vue qui lui est propre.** Il a fallu trouver un moyen convivial de référencement propre à faciliter la recherche au lecteur avant de s'attacher à la signification de chacun de ces gestes. Pour reprendre l'exemple qui vient d'être cité, il pourra être abordé par le lecteur de quatre points de vue corporels différents : la **barbe**, le **pouce**, l'**index** et le **coude en appui**. La signification de ce geste se situera dans le chapitre réservé aux **coudes en appui**, section **barbe**, en tant qu'acteurs principaux. L'index analytique vous renverra au chapitre principal. La traduction littérale de ce geste particulier, que vous y découvrirez, vous permettra d'évaluer, après coup, l'impact de votre discours ou de votre présence face à votre interlocuteur.

Il en va ainsi de tous ceux que nous croisons dans la vie. Nos paroles suscitent des remous dans leur attitude mentale. Qu'ils adhèrent à nos arguments ou les rejettent, leur corps exprimera implicitement la quintessence de leurs sentiments bien avant qu'ils ne vous l'avouent ou ne vous le fassent comprendre de manière explicite.

1. Si le sujet vous interpelle, je l'ai évoqué dans mon précédent ouvrage intitulé : « Les étonnants pouvoirs de l'énergie positive » paru chez le même éditeur.

EVITER LE PRET D'INTENTION

Quand vous ne comprenez pas la signification d'un mot, vous la recherchez dans le dictionnaire. Quand une attitude gestuelle accroche votre sens de l'observation, il n'existe aucun ouvrage capable de traduire instantanément ce qu'elle signifie. Or, il est souvent essentiel, dans le contexte d'une négociation, d'être en mesure de prendre la direction du vent. Nous savons tous qu'il est impossible de se fier au discours verbal parce que ce dernier est géré, en partie, par la conscience. Le flou artistique est plus souvent de mise dans le cadre d'un entretien à caractère professionnel que la franchise brutale. Rares sont ceux qui observent, en éthologues avertis, le comportement gestuel de leur vis-à-vis. Et pourtant, le corps s'exprime justement sans rond de jambe, là où le discours est enrobé dans ses faux-semblants quand il ne s'englue pas carrément dans le mensonge de bon aloi. Ne vous arrive-t-il jamais d'interpréter les paroles d'un supérieur hiérarchique dans le sens de vos désirs alors que ce dernier ne s'est pas du tout engagé à vous satisfaire? Il vous a laissé entendre que « peut-être », « éventuellement », « il pourrait envisager que... », et si vous aviez prêté attention aux quelques séquences gestuelles qui accompagnaient cette envolée d'esquives, aussi nourries que les tirs des orgues de Staline au cours de la Seconde Guerre mondiale, vous vous seriez évité quelque blessure narcissique cuisante, sans compter l'espoir bafoué, cette énergie fantastique investie dans la réalisation d'un projet avorté.

En définitive, comprendre le geste, c'est gagner du temps ou se réserver une porte de sortie honorable en attendant que le vent tourne.

LE MODE D'EMPLOI DU LEXIQUE

Les gestes conventionnels, dont la racine est culturelle, ne font pas partie de cet ouvrage. De même, la plupart des expressions gestuelles mobiles qui servent de décor au discours n'ont pas retenu mon attention. Ils se traduisent simultanément à la parole. Par contre les attitudes statiques, les postures typiques du corps, les gestes stéréotypés inconscients que l'on retrouve chez chaque individu, sans distinction de race, de culture ou de religion sont ceux que le lecteur découvrira dans les pages de ce guide *très* pratique.

Certains d'entre eux ont déjà été abordé dans d'autres ouvrages dont on retrouvera une bibliographie à la fin de celui-ci. A ma connaissance, aucun auteur n'a jamais abordé le langage gestuel sous cet angle particulier : cerner une collection d'expressions corporelles archicourantes. Ce guide a donc été pensé et construit comme un ouvrage de référence facile à consulter. La traduction de chacun des gestes, repris sous rubrique, est décrite de la manière la plus conviviale possible.

Pour prendre un exemple complexe, le descriptif qui suit permettra au lecteur de se faire une idée du mode de classement des séquences gestuelles reprises :

Votre interlocuteur supporte la partie droite de son **front** contre ses **doigts** en visière, **pommette** en appui sur le **pouce**, **coude en appui** sur un support.

Cette séquence gestuelle sera classée dans le chapitre consacré aux **coudes en appui, section front** mais sera reprise également dans l'index analytique, en fin de volume, quelle que soient la partie corporelle citée, l'action entreprise ou l'objet qui y participe.

LE MODE DE REFERENCEMENT

Chaque séquence gestuelle est classée suivant un numéro d'ordre successif. Pour faciliter la recherche au lecteur, j'ai classé en différents chapitres les parties anatomiques, attitudes corporelles globales ou les objets corporalisés dans le sens tête pieds, par ordre alphabétique. Chaque séquence gestuelle n'est reprise qu'une seule fois, pour éviter les redondances propres à ce type d'ouvrage, mais référencée dans l'index analytique en fonction de toutes les approches possibles.

ICONOGRAPHIE

LES GESTES ATTRACTIFS ET LES GESTES RÉPULSIFS

Le geste attractif est une attitude corporelle à caractère séducteur. Il marque l'ouverture socio-affective entre individus.

Le geste répulsif est une attitude indécise, de refus larvé ou de rejet de l'autre.

Je les ai représentés de manière iconographique afin de permettre au lecteur de repérer d'un simple coup d'œil la hiérarchie des attitudes corporelles.

☺ ☺ ☺

Vous êtes en mesure d'emporter le gros lot si vous ne commettez aucune erreur stratégique grossière. Votre interlocuteur classé dans cette catégorie vous est acquis ou presque.

☺ ☺

Votre interlocuteur est enthousiaste ou pour le moins prêt à collaborer avec vous, quelle que soit la qualité de sa motivation. Vous avez éveillé son intérêt.

☺

Votre interlocuteur est en train de s'ouvrir à vos idées ou à votre projet. Laissez le temps au temps! Il se peut qu'il marque une hésitation mais celle-ci sera toujours constructive ou de pure forme. Dans cette catégorie sont aussi reprises certaines attitudes qui révèlent que la réussite de votre action dépend de votre décision et non de celle de votre interlocuteur.

☹

L'indécision dispute son premier rôle à l'hésitation qui déstructure la curiosité de départ ou l'intérêt qui a pu justifier votre entretien. La situation n'est cependant pas sans issue, si vous en prenez conscience immédiatement.

☹ ☹

Vous êtes face à une refus larvé. Ce serait une gageure que de faire en sorte que votre interlocuteur retourne sa veste. A moins que vous ne soyez un virtuose du langage gestuel!

☹ ☹ ☹

Vous êtes recalé, voire rejeté dans l'ombre. Vous avez perdu la partie avant même d'avoir entamé les pourparlers ou la réunion. Essayez au moins de savoir pourquoi!

PREMIÈRE PARTIE

LES ATTITUDES DU CORPS

Les attitudes corporelles impliquent évidemment une participation anatomiques de certains membres. Elles représentent pratiquement les deux tiers des dizaines de milliers de gestes significatifs et parfaitement involontaires qui forment la trame du langage gestuel. La proportion est d'ailleurs conservée statistiquement selon l'importance accordée aux différents chapitres.

On compte environ 20 % de **positions assises** pour quelques 40 % de **coudes en appui**, pour ne citer que les deux attitudes corporelles les plus importantes. Les quarante pour cent restants se divisent entre toutes les autres attitudes classiques du corps humain, programmées par ce que Desmond Morris nomme l'*ordinateur social.*

UN DERNIER CONSEIL !

Imaginez que votre interlocuteur représente une pièce de théâtre.

Vous commencerez toujours par chercher quel est l'acteur principal puis le(s second(s) rôle(s).

Par exemple, si la *position assise* est l'acteur principal, le fait de croiser les *doigts* sous-entend que ces derniers sont les seconds rôles.

Il faudra donc orienter votre recherche dans le chapitre réservé à la position assise, section réservée aux *doigts* ou dans le chapitre consacré aux doigts proprement dits.

1
LA POSITION ASSISE

Parmi les manières de s'asseoir qu'il m'a été donné d'observer, j'ai répertorié celles qui me semblaient les plus courantes. Il est en effet impossible de les décrire toutes dans la mesure où les variantes sont fonction du support ou du genre de siège sur lesquels le sujet observé est assis, de son vécu ou du métier qu'il exerce. Ainsi la position assise du tailleur d'antan est encore dans toutes les mémoires. Pourquoi les anciens tailleurs adoptaient-ils cette position jambes croisées? Sans doute pour une raison d'ordre pratique : ils disposaient tous les accessoires utiles et nécessaires autour d'eux afin de ne pas avoir à se lever pour les récupérer. D'autre part, le fait de croiser les jambes sous le corps leur permettait de reposer dans le creux de leurs cuisses la partie à coudre du vêtement de manière à ce que l'étoffe ne glisse pas.

Entre autres manières curieuses de s'asseoir, celle d'Ivry Gitliss, le célèbre violoniste, est tout à fait étonnante. Il croise ses cuisses, juché sur une chaise, tandis que ses jambes pendent de part et d'autre de la chaise comme les bras d'un balancier; J'ai essayé de l'imiter. Il m'a été impossible de reproduire cette attitude corporelle. Ivry Gitliss m'a confirmé qu'il s'asseyait ainsi depuis sa lointaine enfance.

La manière dont nous nous asseyons est toujours l'une des marques de fabrique de notre personnalité mais traduit également le climat ponctuel de notre attitude mentale dans le cadre d'une réunion professionnelle ou d'une négociation. N'oubliez jamais qu'un individu peut adopter successivement plusieurs positions différentes au cours d'un entretien. Seuls, seront retenues la ou les séquences gestuelles qui se répèteront à plusieurs reprises dans les limites de cet entretien. L'attitude observée s'imprimera facilement dans votre mémoire visuelle et il vous sera aisé de la retrouver dans ce lexique afin d'en comprendre le sens. A la longue, vous constaterez que certaines séquences se reproduisent chez nombre d'interlocuteurs différents. Vous en retiendrez d'autant plus facilement la signification. Si ces attitudes font partie des séquences de rejet ou de refus, il sera toujours temps de vous interroger sur les raisons qui en provoquent trop souvent l'apparition.

Si vous prenez l'habitude d'observer vos interlocuteurs, vous constaterez rapidement que l'efficacité de vos interventions fera un bond en avant considérable. Car, non content de comprendre le sens de leur langage gestuel, vous leur accorderez dorénavant bien plus de considération et d'attention et ils vous en sauront gré inconsciemment.

On peut estimer à environ 2400, les différentes positions assises de l'homme debout. Comparativement aux quelques 300 postures verticales dénombrées auxquelles nous faisons appel pour nous camper sur nos pieds, la différence peut paraître énorme. L'homme cet *animal assis* qui se lève de temps à autre a été improprement baptisé « homo erectus » par les anthropologues. On remarque cependant, en nous comparant aux tribus primitives qui subsistaient encore au début du siècle dans le monde, que la position assise de l'homme est historiquement récente. D'autre part, le fait de s'asseoir est généralement lié au travail intellectuel bien plus qu'au travail manuel. Ce qui me donne à penser que plus le cerveau est sollicité, plus le corps a besoin d'une assise postérieure confortable. Cependant la position assise est largement dépassée par la posture des coudes en appui : près de 5000 variantes dénombrées. Toujours en faveur de nos cellules grises, apparemment! Plus l'homme pense, plus il se rapproche de la terre, en quelque sorte.

LA POSITION ASSISE PROPREMENT DITE

GESTE N° 1. Votre interlocuteur est **assis**, affalé sur sa chaise comme s'il était vidé de toute son énergie.

Ce qui signifie : Il vous signale qu'il est à bout de souffle. Votre interlocuteur est absent du jeu. Il se pourrait aussi qu'il refuse de vous suivre parce que la teneur de votre discours le décourage. Bref, ne comptez pas sur lui ! Sa résignation se lit à corps ouvert.

GESTE N° 2. Votre interlocuteur est **assis** sur le bord de son siège.

Ce qui signifie : Il veut vous dire ainsi que vous vous donnez beaucoup de mal pour trois fois rien. D'ailleurs, il est prêt à vous quitter séance tenante. Son petit coté réfractaire ne devrait pas vous échapper si vous écoutez attentivement ses paroles.

GESTE N° 3. Votre interlocuteur est **assis** sur son siège, raide comme un piquet.

Ce qui signifie : Voilà une séquence gestuelle archi-courante. Votre interlocuteur tente de vous faire savoir qu'il a plus d'influence que vous ne lui en accordez. D'ailleurs, vous constaterez avec l'expérience cumulée du langage gestuel, que ce type de séquence appartient à des individus qui n'auront jamais beaucoup de temps à vous consacrer et/ou se méfieront viscéralement de toute proposition aussi alléchante, soit-elle.

GESTE N° 4. Votre interlocuteur ne peut s'empêcher de basculer sa chaise en arrière, dès qu'il s'**assoit**.

Ce qui signifie : Quelque chose le dérange dans le contexte de l'entretien. Le basculement de la chaise désigne un climat mental dérouté ou déstabilisé. Votre interlocuteur cherche à prendre inconsciemment du recul mais il ne s'autorise pas à interrompre brutalement votre entrevue, s'il en a le pouvoir. Alors, il fait semblant d'être concerné. Ce type d'attitude appartient aux souvenirs scolaires de tout un chacun. Les gamins se balancent sur leur chaise dès qu'ils ressentent l'aiguillon de la récré ou celui de l'ennui.

GESTE N° 5. Votre interlocuteur est **assis** sur une seule fesse.

Ce qui signifie : Il craint que vous ne vous moquiez de lui et s'apprête symboliquement à vous quitter. Soit, vous le complexez, soit votre interlocuteur éprouve un sentiment d'infériorité qui devrait être visible à l'œil nu. On croit souvent que les personnes pressées adoptent volontiers cette attitude, c'est entièrement faux. Je n'ai jamais eu l'occasion de prendre un leader d'opinion pressé en flagrant délit sur une seule fesse, fut-il pressé de partir. Et j'en ai observé une ribambelle. Par contre, j'ai constaté que tous les « unifessiers » manquaient d'assurance.

GESTE N° 6. En position assise, votre interlocuteur campe généralement ses pieds à plat sur le sol, jambes écartées.

Ce qui signifie : Il vous avertit que sa volonté d'aboutir devrait être très visible. Votre interlocuteur sait parfaitement ce qu'il veut ou jusqu'où il se laissera séduire par vos propositions. Vous n'obtiendrez pas une virgule de plus que ce qu'il a décidé de vous accorder.

GESTE N° 7. En position assise, votre interlocuteur croise bras et jambes et se penche en avant sur sa chaise.

Ce qui signifie : Il se sent peu sûr de lui. Prudence étant mère de sûreté, il se protège à 100 % prêt à disparaître dès que vous lui accorderez son congé.

GESTE N° 8. En position assise, votre interlocuteur a les jambes tendues en parallèle, les pieds reposant sur les talons et les doigts croisés sur le ventre.

***Ce qui signifie* :** Vous lui donnez envie de temporiser au lieu d'agir. Réaliste mais plutôt désabusé. On se demande d'ailleurs si son besoin de réalisme ne serait pas guidé par une certaine morbidité de ses pensées. En tout état de cause : signe de fatigue intellectuelle ou mentale ; besoin de décrocher...

GESTE N° 9. Votre interlocuteur est **assis**, pieds à plat sur le sol, les avants-bras reposent sur les genoux, la main gauche couvre la main droite entre les genoux.

***Ce qui signifie* :** Il a peur que vous ne le trouviez un peu naïf. Et puis, son plus gros handicap le rend tellement influençable qu'il vous dirait « oui » rien que pour voir un sourire éclairer votre visage.

GESTE N° 10. Votre interlocuteur est **assis**, pieds à plat sur le sol; les avants-bras reposent sur les genoux et la main droite couvre la main gauche.

***Ce qui signifie* :** Il trompe son monde. Si votre entretien joue les prolongations, vous en sortirez sur les genoux, comme si vous aviez vidé tous les fonds de bouteilles de votre cave à vin. Il vampirisera votre énergie, vos idées, etc. Comment procède-t-il ? Dès qu'il aura fait mine de vous donner son accord enthousiaste pour votre proposition, il la remettra en question sous vos yeux ébahis dans la minute qui suit. Si vous multipliez les arguments, il est aisé d'imaginer dans quel état vous sortirez de cet entretien.

GESTE N° 11. Votre interlocuteur est **assis** jambes croisées, le jambier[1] gauche en appui contre le bord de la table.

***Ce qui signifie* :** Il vous trouve un peu trop opportuniste et défend symboliquement son territoire.

1. Il s'agit du muscle de la jambe antérieure par opposition au mollet qui est le jambier postérieur.

GESTE N° 12. Votre interlocuteur est **assis** jambes croisées, le jambier droit en appui contre le bord de la table.

> ***Ce qui signifie*** : Il place en vous ou en vos propos une confiance très limitée même s'il se sent obligé de vous subir dans le cadre de sa vie professionnelle. Négatif et pénalisé, il affiche gestuellement son pessimisme qui, espérons, n'est que de passage, à moins que vous n'en soyez la cause.

LES BRAS EN POSITION ASSISE

GESTE N° 13. Votre interlocuteur est **assis**, les jambes écartées, le dos voûté comme s'il portait toute la misère du monde, la tête penchée en avant et les **bras** en appui sur les cuisses.

> ***Ce qui signifie*** : Qu'il se moque éperdument de ce que vous déciderez de faire. En outre, son attitude corporelle donne à penser qu'il est très abattu, voire las de se battre contre les moulins à vent qui se dressent sur son chemin.

GESTE N° 14. Votre interlocuteur est **assis** en travers de sa chaise, l'un de ses **bras** reposant sur le dossier de son siège.

> ***Ce qui signifie*** : Il vous sent trop sûr de vous. Votre attitude affirmative déstabilise ses certitudes. Il tente de se protéger au moyen d'une posture faussement nonchalante contre ce qu'il considère comme une forme d'agression. A propos! Vous connaissez la définition d'une cellule nerveuse? Non? Et bien c'est une cellule qui a bien du mal à se détendre. Comme votre interlocuteur!

GESTE N° 15. Votre interlocuteur est **assis** de guingois sur son siège, une de ses jambes repose sur l'accoudoir tandis que l'un de ses **bras** s'accroche au dossier de la chaise ou est suspendu derrière le dossier.

Ce qui signifie : Il essaye de vous donner le change car en vérité il a plutôt envie de s'enfuir ou de disparaître. Votre présence paralyse ses audaces. Si vous saviez à quel point vous le mettez mal à l'aise?

GESTE N° 16. Votre interlocuteur **assis** pose curieusement son **bras** (gauche ou droit) en équilibre en travers de son crâne. ☺ ☺

Ce qui signifie : Il espère que vous serez rentable à court terme ou qu'il retirera rapidement des bénéfices de l'aide qu'il pourrait vous apporter. Attention! Si les bénéfices tardent à montrer le bout de leur nez, il pourrait bien jeter le bébé avec l'eau du bain.

GESTE N° 17. En position assise, votre interlocuteur a ses deux **bras** croisés sur la poitrine et suspendus aux épaules. ☺ ☺

Ce qui signifie : Cette séquence gestuelle révèle que votre interlocuteur tire parfois des plans sur la comète. S'il prête foi à votre discours, il vous appuiera sans réserve et sans en mesurer les conséquences éventuelles. Attention! Ce même geste change totalement de signification si on le sort du contexte professionnel, Dans le registre de la séduction, ce geste est une invite sans détour.

LES DOIGTS EN POSITION ASSISE

GESTE N° 18. Votre interlocuteur est **assis** et croise ses **doigts** sur son genou droit relevé à hauteur de sa poitrine. ☺ ☺

Ce qui signifie : Il vous demande un délai pour digérer vos arguments. Vous avez tout intérêt à le lui accorder car il est déjà convaincu sans le savoir.

GESTE N° 19. Votre interlocuteur, **en position assise,** croise ses **doigts** sur son genou gauche. ☺

> ***Ce qui signifie*** : Votre interlocuteur fait semblant d'être distrait mais ne vous y fiez pas. Il est hyperattentif et susceptible de vous aider si vous lui faites valoir discrètement son intérêt dans l'affaire. Un seul danger dans une possible association avec ce type de partenaire, votre réussite risque de lui faire de l'ombre.

GESTE N° 20. Votre interlocuteur **assis**, penché en avant, pose ses deux avant-bras en appui sur ses cuisses, jambes écartées, et croise le bout de ses **doigts** sans conviction. ☹ ☹

> ***Ce qui signifie*** : Vos propositions ne l'interpellent pas du tout. Il fait acte de présence. Point.

GESTE N° 21. Votre interlocuteur, en **position assise**, entrecroise fermement les **doigts**, les avants-bras en appui sur les cuisses, pieds à plat sur le sol. ☺ ☺ ☺

> ***Ce qui signifie*** : Il compte sur vous autant que vous pouvez comptez sur lui.

GESTE N° 22. La jambe gauche en équerre sur la jambe droite, votre interlocuteur (masculin) croise les **doigts** à hauteur du genou gauche, en position **assise**. ☺

> ***Ce qui signifie*** : Il hésite manifestement à vous faire confiance. La position de la jambe en équerre peut être une séquence gestuelle défensive en situation de négociation dans la mesure où elle augmente le territoire corporel de l'homme assis. Si vous parvenez à le faire changer de position, vous influencerez automatiquement son climat mental. Il s'agit probablement d'un individu habituellement offensif, voire impulsif, qui hésite à vous suivre.

GESTE N° 23. La jambe droite en équerre sur la jambe gauche, votre interlocuteur, **en position assise**, entrecroise les **doigts** des deux mains sur le genou droit. ☺

> ***Ce qui signifie*** : Si vous vous trompez, ne comptez pas sur lui pour jouer les samaritains ! Votre interlocuteur n'est pas disposé à vous faire le moindre cadeau. Il attend des résultats mais ne vous fera pas grâce de vos échecs éventuels.

GESTE N° 24. Votre interlocuteur **assis** entrecroise ses **doigts** sur sa tête dans l'attitude du potache puni ou du prisonnier. ☹ ☹

> ***Ce qui signifie*** : L'attitude oppositionnelle est amplifiée par un besoin de régression gestuelle. Votre interlocuteur est disposé à vous contrer dans les meilleurs délais.

LES JAMBES EN POSITION ASSISE

GESTE N° 25. La **jambe** gauche ou droite de votre interlocuteur, **en position assise**, est agitée d'un mouvement d'impatience. ☹ ☹ ☹

> ***Ce qui signifie*** : Votre interlocuteur a la très nette impression que vous lui racontez des histoires ou que vous tentez de le mener en bateau.

GESTE N° 26. Votre interlocuteur **est assis**, pieds au sol, avec les **jambes** de guingois en X. ☹

> ***Ce qui signifie*** : Il espère de tout cœur que vous ne vous apercevrez pas de son existence.

GESTE N° 27. Votre interlocuteur (masculin et droitier) croise les **jambes** à hauteur de la cuisse, **en position assise**. La cuisse droite couvre la gauche. ☺

> ***Ce qui signifie*** : Votre démarche, vos idées ou vos propos semblent intéresser votre interlocuteur. Continuez à parler en observant bien la position de ses jambes! S'il les décroise pour les recroiser aussitôt dans l'autre sens, cela signifie que vous l'avez perdu en route. C'est le moment de lui poser des questions pour l'obliger à se dévoiler ou à prendre position. Vous avez affaire à un individu ouvert a priori, pragmatique dans sa manière de penser, et résolu à vous donner son appui, s'il approuve votre démarche.

GESTE N° 28. Votre interlocuteur (masculin et droitier) croise les **jambes** à hauteur de la cuisse. La cuisse gauche couvre la droite. Position **assise.** ☹

> ***Ce qui signifie*** : Il trouve votre discours compliqué à suivre ou n'est pas d'accord avec vous, même s'il n'en souffle mot. De toute manière, tant qu'il conserve cette position, vous n'en tirerez rien qu'une fin de non-recevoir. Cette interprétation peut paraître exagérée et pourtant, elle s'est vérifiée à tant de reprises que, personnellement, je n'oserais même plus en douter.

GESTE N° 29. Votre interlocutrice (droitière) croise les **jambes** à hauteur de la cuisse, **en position assise**. La jambe gauche couvre la droite. ☺ ☺ ☺

> ***Ce qui signifie*** : Pour le moment vous tenez le bon bout. Tout est pour le mieux dans le meilleur des mondes tant qu'elle ne change pas la position de ses jambes.

GESTE N° 30. Votre interlocutrice (droitière) croise les **jambes** à hauteur de la cuisse. La cuisse droite couvre la gauche, en position **assise.** ☹

> ***Ce qui signifie*** : Cas de figure inverse de la combinaison précédente (29). Vous l'avez perdue en chemin. Les désillusions remplacent les illusions qu'elle se faisait à votre propos.

Si l'on en croit sa tenue, Patrick Poivre d'Arvor n'en mène pas large (nº 28). C'est que Philippe Seguin se cache derrière ses verres fumés, enfermé dans son indisponibilité qui est aussi la marque de fabrique de son importance (nº 53).

GESTE Nº 31. Votre interlocuteur (masculin et droitier), **en position assise**, pose sa **jambe** gauche en équerre sur sa jambe droite. ☹ ☹

Ce *qui signifie* : Il trouve que vos arguments ne résistent pas à l'analyse et/ou se sent peu concerné par vos propos.

GESTE Nº 32. Votre interlocuteur (masculin et droitier), **en position assise**, pose sa **jambe** droite en équerre sur sa jambe gauche. ☺ ☺ ☺

Ce *qui signifie* : Cas de figure inverse du précédent! Il vous trouve encourageant et se dit qu'il a bien envie de jouer le jeu. Il découvre peut-être que vous avez de l'avenir devant vous ou que vous êtes exactement l'homme qu'il lui fallait.

GESTE N° 33. Votre interlocutrice (droitière) entortille sa jambe gauche de sa **jambe** droite, **en position assise.** ☹

Ce qui signifie : Elle vous signale gestuellement que vous devriez vous méfiez de ce que vous lui dites afin de ne pas heurter sa sensibilité, sans compter qu'elle ne vous est pas vraiment acquise.

GESTE N° 34. Votre interlocutrice (droitière), **en position assise**, entortille sa **jambe** droite de sa jambe gauche. ☺ ☺ ☺

Ce qui signifie : Vos propos lui plaisent manifestement. Il est possible que le cadre de votre relation professionnelle mutuelle puisse devenir trop étroit dans un avenir proche... A vous de choisir votre camp, camarade!

GESTE N° 35. Votre interlocuteur **assis** croise la **jambe** droite sur la gauche et enveloppe le genou droit de la main gauche. ☹

Ce qui signifie : Il croit que vous essayez de le bluffer, à tort ou à raison. Son émotivité naturelle pourrait le conduire à devenir équivoque. Soyez hyper prudent!

GESTE N° 36. Votre interlocuteur **assis** croise la **jambe** gauche sur la droite et enveloppe le genou gauche de la main droite. ☹

Ce qui signifie : Il pense que vous essayez de l'entraîner dans une galère. Votre attitude ou vos propos l'angoissent. Essayeriez-vous de le frustrer?

LES MAINS EN POSITION ASSISE

GESTE N° 37. Les **mains** de votre interlocuteur **assis** sont agrippées au bord de son siège. ☹

> ***Ce qui signifie*** : Il trouve que vous abusez de la situation ou du pouvoir que vous donne votre position hiérarchique. Dans tous les cas, votre interlocuteur subit une contrainte, raison pour laquelle il s'agrippe au plateau de sa chaise.

GESTE N° 38. Votre interlocuteur est **assis**, les pieds à plat sur le sol, ses bras sont détendus et ses **mains** plongent entre ses cuisses, se rejoignant sous l'entrejambe. ☺ ☺

> ***Ce qui signifie*** : L'impression que vous lui faites est bonne. Il vous aime bien et il est sensible à votre discours ou à vos arguments. Cette séquence gestuelle est ouverte, voire amicale.

GESTE N° 39. Votre interlocuteur, **en position assise**, allonge ses bras dans le prolongement de ses cuisses, ses **mains** cachent ses genoux. ☹

> ***Ce qui signifie*** : Il n'a pas l'air de comprendre la situation et se réfugie dans une attitude gestuelle sécuritaire. Le recours à cette posture se double souvent d'un visage aux traits compassés. Soyez très explicite !

GESTE N° 40. Votre interlocuteur est **assis**, les pieds à plat sur le sol, les bras tendus en appui sur les genoux, les **mains** à l'envers (doigts tournés vers l'intérieur des cuisses et pouces à l'extérieur) enserrent le haut des genoux ou le milieu des cuisses. ☹ ☹

> ***Ce qui signifie*** : Votre interlocuteur vous trouve envahissant. Il se peut aussi qu'il soit tout simplement jaloux de votre prestige. L'attitude est aussi oppositionnelle

qu'envieuse, voire agressive. On la remarque souvent chez des subalternes qui entretiennent avec leurs supérieurs hiérarchiques des rapports pseudo-amicaux.

GESTE N° 41. Votre interlocutrice (droitière), **assise** en face de vous, croise la jambe droite sur la gauche en insérant l'une de ses **mains** entre ses cuisses. ☹

Ce qui signifie : Elle pourrait avoir l'impression de frapper à la mauvaise porte, si elle compte sur votre aide. Il se pourrait aussi que sa volonté ou ses espoirs soit tendus vers un objectif complètement utopique. Elle attend, cependant, de votre part une potion magique ou une solution qui lui permettrait de se rassurer quant à l'issue de ses rêves. Posture fortement sollicitée en situation de recrutement. Si elle n'obtient pas satisfaction, sa conduite pourrait passer de l'échec à l'effronterie. Les humeurs de votre interlocutrice seront hautement instables de toutes les manières.

GESTE N° 42. Votre interlocutrice (droitière), **assise** en face de vous, croise la jambe gauche sur la droite en insérant l'une de ses **mains** entre ses cuisses. ☺

Ce qui signifie : Elle se demande à quoi vous voulez en venir tout en espérant que vos propos ou l'entretien que vous lui avez accordé lui apporteront la solution à ses problèmes. Il est très rare qu'une personne, détenant une autorité sur son interlocuteur/trice, fasse appel à ce type d'attitude. L'audace ne fait jamais partie des conduites de celui qui dispose, elle appartient plutôt à celui qui propose.

GESTE N° 43. Votre interlocuteur (masculin et droitier), **assis** en face vous, croise la jambe gauche sur la droite en insérant l'une de ses **mains** entre ses cuisses. ☹

Ce qui signifie : Il trouve que vous devriez cesser de le provoquer car votre attitude le met très mal à l'aise. Et ce n'est pas en continuant de la sorte que vous emporterez son appui et encore moins sa sympathie, pour autant que vous la recherchiez.

GESTE N° 44. Votre interlocuteur (masculin et droitier), **assis** en face vous, croise sa jambe droite sur la gauche tout en insérant l'une de ses **mains** entre ses cuisses. Il se trouve, en général, dans une position assise inconfortable.

Ce qui signifie : Soit, votre interlocuteur vous reçoit contre son gré dans son bureau, soit vos motivations ne l'intéressent pas L'attitude adoptée est globalement castratrice, mitigée de désinvestissement.

GESTE N° 45. Votre interlocuteur, **en position assise**, pose sagement ses **mains** sur le dessus de ses genoux.

Ce qui signifie : Il n'est pas très sûr de lui et se soumettra facilement à vos arguments pour autant que vous déteniez le pouvoir. Il s'agit là de l'une des attitudes typiques du bon élève. Prudence étant mère de sûreté, il se contrôle à 100 % prêt à disparaître dès que vous lui accorderez son congé.

GESTE N° 46. Votre interlocuteur **assis** enveloppe son genou droit de sa **main** correspondante, bras tendu.

Ce qui signifie : Si votre exposé lui paraît trop simple, il le trouvera moins crédible que s'il saisit difficilement le sens de vos propos, persuadé que vous avez entièrement raison à partir du moment où le niveau intellectuel de votre discours décoiffe ses mécanismes de compréhension.

Le genou droit est le siège symbolique de la démotivation.

GESTE N° 47. Il enveloppe son genou gauche de sa **main** correspondante, **en position assise.**

Ce qui signifie : Votre interlocuteur s'engage souvent à la légère, quitte à se désister sous n'importe quel prétexte frauduleux par la suite. Il vous faudra en tenir compte, si vous tentez de le rallier à votre cause.

GESTE N° 48. Votre interlocuteur est **assis** avec la **main** gauche enfoncée dans sa poche. ☺

C*e qui signifie* : Il aimerait que vous lui accordiez un peu plus d'attention alors que lui ne vous aperçoit qu'à travers une sorte de brouillard égocentrique. Un individu qui plonge systématiquement sa ou ses mains dans ses poches en position assise est un comédien au sens le plus péjoratif du terme. Il vit à travers le regard des autres. Si vous lui accordez votre attention, il trouvera votre projet fa-bu-leux.

GESTE N° 49. Votre interlocuteur **s'assoit** avec sa **main** droite plongée dans sa poche. ☹

C*e qui signifie* : En voilà un qui vous proposera la lune. En général, il ne fait pas long feu et finit rapidement par devenir exaspérant. Même si vous aviez la lune en stock, je serais étonné qu'il vous la commande ferme.

GESTE N° 50. Votre interlocuteur est **assis** avec les deux **mains** enfoncées dans les poches. ☹

C*e qui signifie* : Même s'il détient l'autorité, ne vous faites pas trop d'illusions sur l'étendue de ses pouvoirs effectifs. Que vous lui forciez la main ou qu'il adhère à vos idées, vous n'aurez de toute manière jamais rien en échange. Les mains se cachent pour mourir, comme les oiseaux.

GESTE N° 51. La **main** gauche ou droite de votre interlocuteur repose sur son bas-ventre ou son sexe, **en position assise.** ☹ ☹ ☹

C*e qui signifie* : Danger immédiat! Vous vous opposez à un refus catégorique de la part de votre interlocuteur, pour autant que ce geste persiste durant l'entretien.

GESTE N° 52. Votre interlocuteur croise ses **mains** sur son ventre, **en position assise.**

Ce qui signifie : Nous avons tendance à croire que seuls les messieurs enrobés aiment à croiser leur mains sur leur ventre. Ce qui est parfaitement inexact. Cette séquence courante vous signale tout simplement que votre interlocuteur ne comprend plus vos propos (ou les siens) dans la mesure où il a décroché au moment même où ses mains se sont posées sur son ventre.

Autre chose : il est bien possible que votre interlocuteur soit le genre de non fumeur qui vous enverra fumer sur la terrasse pour ne pas empester son atmosphère. Et comme il n'y a pas de terrasse et pas plus de cendrier, il faudra vous abstenir.

Il s'agit ici d'un dialogue de sourds. Yves Montand a manifestement décroché et tente de séduire la caméra (n° 52) tandis que Patrick Poivre d'Arvor se demande si son invité lui fera de l'ombre (n° 136/137). *Voir aussi p. 88.*

GESTE N° 53. Votre interlocuteur est **assis**, les jambes légèrement écartées tandis que ses **mains** se superposent pour couvrir son bas-ventre ou son sexe.

Ce qui signifie : Cette séquence gestuelle est tellement courante que nul ne la remarque plus. Votre interlocuteur vous fait savoir qu'il a plus d'influence que vous ne lui en accordez. D'ailleurs, vous constaterez avec l'expérience cumulée du langage gestuel, que ce type de posture appartient à des individus paradoxalement indisponibles.

GESTE N° 54. Il est **assis**, la **main** garrotant l'aine correspondante.

Ce qui signifie : Il regrette déjà de vous avoir reçu. Ne vous mettez pas martel en tête, il est bien possible que vous ayez affaire à un individu qui cultive ses regrets en pot! Vos idées ne l'intéressent pas dans la mesure où ce ne sont pas les siennes.

GESTE N° 55. Il est **assis**, les deux **mains** garrotant les aines.

Ce qui signifie : Votre interlocuteur réalise que votre vision des choses ne correspond pas à la sienne. En affichant cette séquence gestuelle, il vous signale que vos points de vue sont inconciliables.

GESTE N° 56. Votre interlocuteur **assis** semble se retenir ou s'accrocher des deux **mains** aux accoudoirs de son fauteuil.

Ce qui signifie : Signe de contrariété évident, cette séquence gestuelle marque un désinvestissement immédiat pour cause subite d'incompatibilité entre votre interlocuteur et vous-même. Il réalise soudain que vos motivations respectives ne voguent plus de concert.

GESTE N° 57. Votre interlocuteur est **assis**, **mains** posées à plat sur la table.

Ce qui signifie : Attention! Votre interlocuteur manque cruellement de subtilité. Echangez votre cuiller à café contre une louche! Ne vous laissez pas démonter par son négativisme, il trouvera toujours quelque chose à redire concernant les arguments développés ou prétendra sans se gêner que vous n'en faites jamais assez. S'il s'agit de votre supérieur hiérarchique ou mieux encore, de votre P-DG, vous aurez ainsi la preuve que la subtilité n'est pas forcément la qualité primordiale du meneur.

LES PIEDS EN POSITION ASSISE

GESTE N° 58. Votre interlocuteur **assis** croise sa jambe gauche sur la cuisse droite tandis que son **pied** droit se réfugie en retrait sous sa chaise. ☹ ☹

Ce qui signifie : Il vous signale que vous vous faites des illusions sur vos compétences ou votre capacité de mener à bien le projet que vous lui présentez. Il se demande d'ailleurs si vous êtes aussi convaincu que vous en avez l'air ou ne voit pas du tout où vous voulez en venir. La mimique de son visage devrait en principe correspondre à ce qui vient d'être évoqué. En réalité, il n'est pas disponible.

GESTE N° 59. Votre interlocuteur **assis** accroche ses **pieds** dans les barreaux de sa chaise. ☹

Ce qui signifie : Indécision et anxiété empêchent votre interlocuteur de faire appel à son esprit de décision. Sciez mentalement les barreaux de sa chaise (on ne sait jamais) ou renvoyez votre entretien à plus tard, si vous en attendez un résultat concret! Attitude héritée de l'enfance, il est possible que votre ton pédagogique induise une relation de maître à élève sans que votre interlocuteur s'en rende compte expressément.

GESTE N° 60. Votre interlocuteur, **en position assise**, croise ses **pieds** sous sa chaise. ☹

Ce qui signifie : Voilà une séquence gestuelle majoritaire dans les lieux publics ou les réunions de travail ardues. Elle traduit une atmosphère déprimante fondée sur une frustration générale. Si votre interlocuteur l'adopte tandis que vous essayez de le convaincre, dites-vous que le jour est probablement mal choisi et n'incriminez pas vos arguments. Si vous êtes face à votre patron, proposez-lui de reporter l'entretien sine die pour un complément d'information. Il appréciera.

GESTE N° 61. Votre interlocuteur rend les semelles de ses **pieds** opposables, en position **assise**, les genoux écartés. ☹ ☹ ☹

Ce qui signifie : Cette séquence gestuelle est une véritable fin de non-recevoir. Vous perdez votre temps, votre interlocuteur n'est pas disponible mentalement. Il a littéralement coupé le courant qui le relie à la terre.

GESTE N° 62. Votre interlocuteur **assis**, coince son **pied** droit sous ses fesses. ☹ ☹

Ce qui signifie : Posture relativement rare dans une réunion formelle, elle peut se manifester quand les débats s'éternisent tard dans la soirée. C'est la posture démissionnaire par excellence. Votre interlocuteur est démotivé ou découragé. L'idéal serait de lever la séance, quelle que soit l'urgence du problème. Symboliquement, nous vous rappelons que le pied droit fait partie des schémas volontaires.

GESTE N° 63. Votre interlocuteur **assis** coince son **pied** gauche sous ses fesses. ☹

Ce qui signifie : Il croit, à tort ou à raison, que vous vous moquez totalement de ce qu'il pense. De là à imaginer que l'entretien ne sert à rien, il n'y même pas un pas. Prêtez-lui un peu plus d'attention, si vous ne souhaitez pas que l'initiative vous échappe! Tout n'est pas perdu! Il est évident que ce type d'attitude ne se manifeste que dans certaines circonstances de laisser-aller ou dans des secteurs d'activité de type créatif. Curieusement, elle ne signifie plus du tout la même chose, si nous sortons du registre professionnel.

2

LE BAILLEMENT

Si l'on exclut le bâillement sonore qui appelle le marchand de sable de ses vœux, le bâillement répétitif de votre interlocuteur ne lui signale pas forcément que son organisme a besoin d'un repos mérité ou non. La répétition intempestive du bâillement signifierait plutôt que votre vis-à-vis tente d'exprimer de manière détournée un sentiment d'agressivité refoulé et parfaitement non conscient. Il ne baille pas parce qu'il s'ennuie mais parce que vous l'ennuyez. Le sens littéral de ce geste incontrôlé et difficilement contrôlable serait : « vous me démotivez », voire « vos propos m'ennuient ».

Dans le cadre d'un couple, le bâillement répétitif de l'un des partenaires prévient l'autre qu'il serait peut-être temps de songer à changer de registre de communication. « cesse de palabrer à n'en plus finir alors que j'ai envie de toi! »

En tout état de cause, si votre auditeur se met à bâiller, il faut envisager de suspendre le débat dans les meilleurs délais, c'est-à-dire immédiatement. Il aura beau s'excuser platement de n'avoir pas eu son compte de sommeil, si votre discours l'assomme ou si vos arguments l'énervent, préparez votre sortie dans l'urgence.

En règle générale, le bâillement est un signe de fatigue. Il s'affiche quand la journée se termine et détend les mâchoires contractées. Mais il arrive aussi que l'on bâille pour d'autres raisons. Par exemple, quand l'appétit se manifeste ou quand la colère est inhibée par l'éducation. Ce qu'il faut retenir, c'est que le bâillement à répétition est souvent le signe d'une agressivité latente. Il est important d'en tenir compte dans le cadre d'une négociation ou d'une réunion de travail.

GESTE N° 64. Votre interlocuteur **bâille** à plusieurs reprises en couvrant sa bouche du dos d'une de ses mains à demi refermée.

> ***Ce qui signifie*** : Il ne se sent pas concerné par vos propos.

GESTE N° 65. Votre interlocuteur **bâille** souvent en dissimulant sa bouche du bout de ses doigts et en tapotant ses lèvres.

> ***Ce qui signifie*** : Il vous trouve ennuyeux mais ne vous l'avouera jamais autrement que de cette manière. L'insatisfaction ou la frustration devrait en principe se lire sur son visage. Vous avez tout intérêt à conclure au plus vite.

GESTE N° 66. Il **bâille** en dissimulant sa bouche de son poing à demi fermé.

> ***Ce qui signifie*** : Vous perturbez les certitudes de votre interlocuteur, ce qui risque de le rendre agressif à terme.

GESTE N° 67. Il **bâille** la bouche grande ouverte.

> ***Ce qui signifie*** : Il n'a rien à vous cacher que vous ne sachiez déjà, s'il s'agit d'un ami! Dans le cas d'un supérieur ou d'un collègue, il considère que vous n'êtes pas assez important pour qu'il fasse l'effort de rester poli. Ce dernier constat sera terriblement vexant pour vous si vous en êtes la cible. Sachez, cependant, qu'il vaut toujours mieux savoir à quoi s'en tenir avec ceux qu'on est amené à fréquenter professionnellement.
>
> « Je trouve votre idée tout à fait géniale » dit-il en réprimant un bâillement. Le sens totalement négatif de ce genre de réaction gestuelle associée à un compliment, ne devrait plus vous échapper dorénavant, même si cette petite scène se déroule au téléphone.

GESTE N° 68. Votre interlocuteur a du mal à réprimer ses **bâillements** à répétition.

Ce qui signifie : Votre présence le rend agressif, à moins que ce ne soit vos propos qui ne lui déplaisent. Votre discours le fatigue mais il ne vous l'avouera jamais directement. Lorsqu'il se rendra compte de la fréquence de ses bâillements, il prétextera un manque de sommeil. Proposez-lui de prendre rendez-vous avec le marchand de sable (sic) quelle que soit l'heure de la journée et prenez la porte au plus vite !

GESTE N° 69. Votre interlocuteur **bâille** la bouche fermée.

Ce qui signifie : Votre interlocuteur doute de votre bonne foi, en particulier, et de celle de tous les autres, en général. Il opposera un refus larvé à toute proposition que vous pourriez lui présenter sur un plateau d'argent. Ce type de bâillement est souvent réflexe. Il dénonce de toute façon le scepticisme militant de votre interlocuteur.

3

LES BRAS CROISES

A priori, il s'agirait plutôt d'une attitude de défense du territoire corporel ou de défiance. Les bras croisés sont aussi associés à l'image scolaire de l'enfant sage dans le souvenir de chacun. Le geste est censé apaiser la révolte qui gronde au sein de la classe. Il faut verrouiller de manière la plus hermétique possible le besoin d'extraversion de l'enfant en lui imposant une attitude caractéristique proche de l'enfermement. Ce faisant, on introduit un automatisme de protection dont l'adulte se servira involontairement pour signaler sa soumission à son interlocuteur. Soumission souvent additionnée d'un refus du dialogue et d'un sentiment de défiance clairement affiché!

L'attitude en question est aussi néfaste pour le climat mental individuel que le fait de croiser les jambes à tout bout de champ. L'enfermement du thorax ôte à l'individu toute possibilité de fluidité intellectuelle. Le verrouillage des bras et des mains empêchent toute communication sociale ou affective équilibrée ainsi que toute expression corporelle ouverte vers l'autre. J'ai souvent remarqué que cette posture était absente du langage gestuel des individus créatifs ou de ceux qu'on nomme communément les décisionnaires dans le milieu professionnel. Serait-ce là un pur hasard?

GESTE N° 70. Votre interlocuteur enveloppent ses coudes, **bras croisés.** ☹ ☹

> ***Ce qui signifie*** : Il vous signifie ainsi que vous vous donnez beaucoup de mal pour trois fois rien. D'ailleurs, il est prêt à vous quitter séance tenante. Son petit coté réfractaire ne devrait pas vous échapper.

GESTE N° 71. La main droite agrippe le coude gauche et la main gauche enveloppe le biceps droit (et vice-versa) quand votre interlocuteur se **croise les bras.** ☹ ☹

> ***Ce qui signifie*** : Il vous trouve peu convaincant et est, de toutes les manières, réfractaire à tout ce qui pourrait bouleverser un tant soit peu son train-train quotidien.

GESTE N° 72. Votre interlocuteur **croise les bras** en serrant les poings derrière ses bras. ☹ ☹

> ***Ce qui signifie*** : Votre interlocuteur a l'impression, à tort ou à raison, que vous essayez de lui couper l'herbe sous les pieds. Le simple fait de serrer les poings est en soi un signe d'agressivité latente.

GESTE N° 73. Il **croise les bras** en pinçant fortement ses biceps. ☹

> ***Ce qui signifie*** : Il pense que vous vous moquez de lui et que vous le laisserez sur le carreau, si votre intérêt vous le commande. Rassurez-le subtilement que tel ne sera pas le cas même si vos intentions ne sont pas des plus pures.

GESTE N° 74. La main gauche agrippe le biceps droit et la main droite se cache sous le biceps gauche, contre la poitrine (et vice-versa), quand il **croise les bras.** ☹ ☹

> ***Ce qui signifie*** : Qu'il est réfractaire à vos suggestions dans l'ensemble. Les bras croisés correspondent rarement à des attitudes ouvertes, par définition.

4

LA CARESSE

On observe souvent des personnes se caressant distraitement l'une ou l'autre partie du visage ou du corps. Ce geste tellement commun n'est pas forcément lié à une quelconque carence affective. La caresse que l'on se prodigue à soi-même est plus souvent celle que la bienséance nous empêche de faire à notre interlocuteur. Caresse et créativité sont cousines dans l'inconscient individuel et collectif. La première enclenche souvent le processus qui éveille la seconde. Or, de la créativité à la sensualité, le chemin est vite franchi. La caresse est probablement la première de toutes les marques d'estime ou d'amour que chaque individu intègre dans son cadre de référence, dès sa naissance. Mais à l'instar des coups que les psychologues interprètent comme des caresses déguisées, certaines caresses sont aussi des coups larvés, comme nous le verrons dans les interprétations de ce chapitre.

GESTE N° 75. Il se **caresse** les **joues** du plat de la main.

> ***Ce qui signifie*** : Il se demande comment il va s'y prendre pour vous amener à jouer le jeu selon ses règles. Vous avez affaire, de toute évidence, à un manipulateur dont l'arme la plus redoutable est la mauvaise foi. Prouvez-lui que si l'affaire que vous lui proposez vous rapporte 10 francs, elle lui en rapportera automatiquement cent, surtout si l'argument est fallacieux. Avec un peu de chance, il fera semblant de se laisser convaincre.

GESTE N° 76. Il **caresse** l'une de ses **joues** du bout des doigts, coude en appui.

Ce qui signifie : Il vous trouve créatif. Vos propositions lui semblent peut-être plus originales ou plus ingénieuses que vous ne le croyez ou qu'il ne le laisse paraître.

GESTE N° 77. Il **caresse** sa **lèvre** inférieure du bout de l'index.

Ce qui signifie : Il trouve que vous manquez de franchise à son égard.

GESTE N° 78. La main gauche ou droite **caresse** le dessus de la **main** opposée.

Ce qui signifie : Cela ne vous rappelle rien? C'est le geste présidentiel, par excellence! Votre interlocuteur suppute les chances qu'il a de pouvoir se servir de vos talents ou de vos idées tout en recherchant le moyen de vous prouver que vous faites fausse route. Paradoxalement, ce geste signifie que vos idées intéressent vivement votre interlocuteur mais qu'il n'est pas prêt à reconnaître ouvertement leur valeur.

GESTE N° 79. Il se **caresse** le **menton** d'un air inspiré en relevant la tête. Les doigts sont rassemblés à plat sous le menton.

Ce qui signifie : Vous avez ébranlé les certitudes de votre interlocuteur. Cependant, il pourrait considérer très vite que vous êtes trop sûr de vous afin de récupérer son propre équilibre. Donnez-lui du champ, si vous constatez l'intervention de ce geste dans le cours de votre entretien! S'il vous pose des questions, c'est gagné! Si vous poursuivez votre exposé en ignorant le signal que représente ce geste, c'est perdu!

GESTE N° 80. Votre interlocuteur **caresse** son **mollet** gauche, les jambes croisées.

Ce qui signifie : Ce type de signal est plus fréquent qu'on ne pourrait le supposer. La caresse est toute symbolique et est souvent effectuée sur le tissu du pantalon ou sur la bas nylon de votre interlocutrice. En tout état de cause, il sous-entend que votre interlocuteur a besoin de temps pour réfléchir et que vous n'emporterez pas la décision aussi vite que vous l'espériez.

GESTE N° 81. Votre interlocuteur se **caresse** distraitement le **mollet** droit.

Ce qui signifie : Le fait de changer de mollet peut évidemment modifier considérablement le sens du message gestuel. Ce qui n'est pas toujours le cas pour d'autres parties anatomiques sollicitées. En l'occurrence, la caresse du mollet droit marque une perturbation du climat mental de votre interlocuteur. Elle se traduit, notamment, par l'intrusion d'un sentiment de frustration.

GESTE N° 82. Il se **caresse** l'arête du **nez** du bout de l'index, coude en appui.

Ce qui signifie : Vous lui donnez des idées. Il se pourrait bien qu'il songe à vous associer au projet exposé par vous ou par lui. Il se peut également qu'il apprécie votre vivacité d'esprit. Le fond de son attitude est amical.

GESTE N° 83. Votre interlocuteur **caresse** l'**ongle** de son pouce du bout de l'index.

Ce qui signifie : Il s'apprête à tourner autour du pot ou est en train de le faire.

GESTE N° 84. Il se **caresse** l'**ongle** du pouce de la pulpe du pouce opposé.

Ce qui signifie : La motivation de votre interlocuteur est frauduleuse. Cela signifie que les raisons véritables de son intérêt pour votre projet ou vos idées ne correspondent pas tout à fait à celles qu'il vous a exposées. En principe, son arrivisme devrait être tellement transparent qu'il pourrait bien vous indisposer. Il se servira de vous à la carte.

GESTE N° 85. Il se **caresse** l'arrondi de **l'oreille** du bout des doigts. ☹

Ce qui signifie : Qu'il se demande s'il peut vous faire confiance tout en songeant que si vous cherchez à endormir sa méfiance, c'est que vous faites partie de ceux avec lesquels il évite de collaborer. Un conseil! Essayez de lui faire entendre que vous êtes plutôt méfiant de nature. Il aimera.

GESTE N° 86. Votre interlocuteur (masculin) se **caresse** la **poitrine**, coude en appui. ☹ ☹

Ce qui signifie : Il vous perçoit comme un individu dont la créativité est aussi géniale que dangereuse pour l'avenir du service ou de l'entreprise. Et comme le génie ne se manifeste que très rarement, il s'abstiendra. Allez confier vos projets sous d'autres cieux!

GESTE N° 87. Votre interlocutrice, assise en face de vous, se **caresse** la naissance des **seins**. ☺ ☺ ☺

Ce qui signifie : La femme n'est pas l'homme et la poitrine n'inspire pas les deux sexes de la même manière. Vous avez gagné sa confiance et elle songe déjà à la suite concrète des événements. D'un strict point de vue professionnel, s'entend!

GESTE N° 88. Votre interlocuteur se **caresse** le **menton** de la pulpe du pouce. ☹ ☹

Ce qui signifie : Soit, il regrette soudainement de vous avoir reçu dans son bureau, soit il vous signale gestuellement que vous ne pourrez malheureusement pas compter sur son appui. Vous l'avez échappé belle, croyez-moi! S'il vous avait offert son appui, il aurait été le premier à instruire votre procès au moindre faux pas de votre part.

5

LES COUDES EN APPUI OU LE PENSEUR DE RODIN

Dans la mesure où les mains entrent en contact avec le visage, j'ai privilégié les parties de ce dernier pour opérer le classement des attitudes de ce chapitre. Toutes les attitudes impliquant les coudes en appui sur un support donné (table, cuisses, cheminée, tablette...) sont classées en fonction de la partie de la tête ou du cou qui entrent en contact avec les doigts ou les mains.

L'intitulé de ce registre fait référence à la statue célèbre du sculpteur car elle concerne tous les cas de figure dans lesquels l'individu ressent le besoin de soutenir sa tête, coudes en appui. Il est à noter, cependant, que la célèbre statue qui accueille les visiteurs au musée Rodin comporte une légère erreur gestuelle. En effet, l'artiste a créé sa sculpture en obligeant son modèle à poser le coude droit en appui sur la cuisse gauche. Cette position incongrue ne se traduit pas en langage gestuel dans la mesure où elle ne signifie rien d'autre qu'une fantaisie.

Aussi remplie qu'elle puisse être, la tête ne risque pas de se détacher du corps mais il faut croire qu'elle pourrait tomber symboliquement, si nous ne faisions pas appel, de temps à autre, à nos mains et à nos coudes pour la soutenir. Il va de soi qu'il existe un nombre incalculable de variantes, aussi communes que courantes, d'attitudes corporelles sollicitant les coudes en appui sur un support, quel que soit le support. L'homme ne peut s'empêcher de chercher à reposer sa tête pour se protéger de l'instabilité de son environnement ou de celle de ses interlocuteurs.

Faites donc l'expérience de vous observer dans l'intimité de la station assise sur le vase d'expansion des toilettes. Quelle est l'attitude gestuelle que vous privilégiez dans ces circonstances un peu particulières? N'oubliez pas d'y emporter ce guide! L'étude gestuelle sur le terrain est favorable à la mémorisation de ses significations!

LES COUDES EN APPUI DU PENSEUR

PREMIER ET SECOND ROLES

LA BARBE DU PENSEUR

GESTE N° 89. Il pince sa **barbe** entre le pouce et l'index, **coude en appui.**

> ***Ce qui signifie*** : Il vous accuse implicitement de l'importuner mais il préfère torturer les poils de sa barbe plutôt que de vous le dire franchement.

GESTE N° 90. Votre interlocuteur tire sur les poils de sa **barbe, coude en appui.**

> ***Ce qui signifie*** : Il est possible que votre présence suscite la jalousie de votre interlocuteur, de même qu'il se peut qu'il vous attende au tournant avec une facture impayée. Tout dépend de la nature de vos relations. En tout état de cause, changez de trottoir!

LA BOUCHE DU PENSEUR

GESTE N° 91. Votre interlocuteur cache sa **bouche** sous la pince (pouce-index) ouverte rejoignant les deux joues, **coude en appui.**

Ce qui signifie : Il vous trouve trop poli pour être tout à fait honnête, raison pour laquelle il protège d'ailleurs les gencives. Si vous étiez en train de lui faire des promesses alors qu'il affichait ce geste, sachez qu'il ne vous a pas pris au sérieux.

GESTE N° 92. La main refermée en cornet dissimule sa **bouche**, **coude en appui** (droite ou gauche). 😞 😞

Ce qui signifie : Votre interlocuteur vous signale de cette manière que votre conversation le fatigue mentalement ou que votre entrevue lui paraît stérile. Si le geste perdure, vous avez tout intérêt à le faire parler avant qu'il ne vous serve un prétexte quelconque pour se débarrasser vous.

Tout auteur qui souhaite affronter Bernard Pivot en duel singulier a intérêt à apprendre le langage gestuel de ce dernier sur le bout des doigts. Ses mots peuvent blesser l'imprudent mais ses gestes tuent (n° 92). A bon entendeur !

GESTE N° 93. Il appuie sa **bouche** contre le dos des doigts, la paume de sa main vous fait face, **coude en appui.**

Ce qui signifie : Imaginez ce geste dans une contexte tout différent! L'enfant qui craint d'être giflé sans vraiment trop y croire. Attitude hésitante, votre interlocuteur ne prendra pas parti.

GESTE N° 94. Le bout des doigts de la main gauche dissimule la **bouche**, paume à plat contre le menton, **coude en appui.**

Ce qui signifie : Il n'arrive pas à prendre une décision mais il apprécie vos idées ou votre projet. Donnez-lui le temps de digérer vos idées!

GESTE N° 95. Coude en appui, la main écrase la **bouche** tout en la dissimulant.

Ce qui signifie : Votre interlocuteur considère que vous n'êtes pas sur la même longueur d'onde que lui. Il ferme littéralement le poste en s'empêchant d'ouvrir la bouche, ce qu'il ne manquera d'ailleurs pas de faire ignorant totalement la signification de son propre langage gestuel. Si j'étais vous, je ne lui laisserais pas le temps de me sacrifier sur l'autel de son sens critique.

LES CHEVEUX DU PENSEUR

GESTE N° 96. Votre interlocutrice enroule une mèche de ses **cheveux** autour de l'un de ses index, **coude en appui.**

Ce qui signifie : Vous l'impressionnez! C'est l'histoire du magicien qui va à la rencontre des rêves de la petite fille et dont je vous laisse le soin d'inventer la suite.

GESTE N° 97. Il passe tout le temps sa main dans ses **cheveux**, **coude en appui** ou non. ☹

> ***Ce qui signifie*** : Vous êtes en présence d'un interlocuteur dont les conduites hystériques ne pourront pas ne pas vous échapper à la longue. A moins que vous ne vous échappiez avant!

GESTE N° 98. Elle enroule une mèche de ses **cheveux** autour de ses doigts réunis, **coude en appui.** ☹ ☹ ☹

> ***Ce qui signifie*** : Elle vous oppose une véritable fin de non recevoir. Vous perdez votre temps, elle n'est pas disponible mentalement. Votre interlocutrice a littéralement coupé le courant qui la relie à la terre ou les sentiments d'amitié qui vous reliaient à elle dans son esprit. Vous êtes puni. La différence entre le geste n° 96 et celui-ci est énorme, comme vous pourrez le constater de vous-même en y étant confronté.

LES CUISSES DU PENSEUR

GESTE N° 99. L'avant-bras gauche est posé sur les **cuisses** comme une barre transversale de soutien, le **coude** droit calé dans la paume de la main gauche, la joue droite soutenue par la main correspondante. ☹ ☹

> ***Ce qui signifie*** : Votre interlocuteur est le type même du chasseur qui court plusieurs lièvres à la fois. Ce qui fait que vous tombez relativement mal dans la mesure où il n'est pas disponible pour en rajouter un sur sa liste. Le vôtre, en l'occurrence. Cette version ne tient que si le sujet observé est droitier. Dans le cas d'un gaucher, ce sera l'interprétation du geste n° 100 qui prévaudra.

GESTE N° 100. L'avant-bras droit est posé sur les **cuisses** comme une barre transversale de soutien, le **coude** gauche calé dans la paume de la main droite, la joue gauche soutenue par la main correspondante. ☺ ☺

> ***Ce qui signifie*** : Volte-face par rapport au geste n° 99 ! Les gestes ont beau se ressembler comme des images dans le miroir, ils changent très souvent de signification en changeant de latéralité. Préalable indispensable : assurez-vous que votre interlocuteur est bien droitier, faute de quoi vous serez forcé de vous reporter à l'interprétation de la figure n° 99.
>
> S'il faut en croire l'interprétation de la présente séquence gestuelle, votre interlocuteur est prêt à se laisser séduire par vos arguments et à placer en vous une confiance plus que limitée. Mais, me direz-vous, s'il change alternativement de côté ? Ce qui peut arriver pour le croisement de jambes, ne se produit curieusement jamais dans cette posture spécifique. Elle est en effet fonction de notre latéralité (droitier ou gaucher) et le chasseur droitier de la figure n° 99 n'adoptera jamais cette posture-ci dans la mesure où il ne peut se laisser séduire en totalité par un seul lièvre.

GESTE N° 101. Les **coudes** sont posés sur les **cuisses**, les mains encadrent le visage et soutiennent la tête. Votre interlocuteur est penché en avant. ☺ ☺

> ***Ce qui signifie*** : Il s'agit de la même attitude que le geste n° 82, en gros. Il se pourrait bien qu'il songe à vous associer au projet exposé par vous ou par lui. Il apprécie votre vivacité d'esprit. Le fond de son attitude est amical.

GESTE N° 102. Les **coudes en appui** sur les **cuisses**, les mains couvrent les oreilles sans les boucher pour autant et soutiennent la tête au niveau des mâchoires. ☺ ☺ ☺

> ***Ce qui signifie*** : Il y a dans ce geste un zeste d'admiration en même temps qu'un signal amical. Votre interlocuteur souhaite se faire de vous un allié. Il manifeste un certain plaisir à vous recevoir ou à mieux vous connaître.

Encore Pivot! Il semble beaucoup s'amuser, n'est-ce pas? Il est en train de tailler un costard en sapin au rigolo qui lui fait face (n° 103).

LES DENTS DU PENSEUR

GESTE N° 103. Il insère ses **incisives** sous l'ongle de son pouce, **coudes en appui** ☹ ☹ ☹

> ***Ce qui signifie*** : Essayez d'en dire le moins possible et de trouver très vite une excuse pour disparaître ou pour abréger les débats. Votre interlocuteur ne vous aime pas. On ne peut pas plaire à tout le monde, n'est-ce pas?

GESTE N° 104. Il tapote ses **incisives** du bout de l' index, **coude en appui.** ☹ ☹

> ***Ce qui signifie*** : Ce geste commun révèle tout simplement que votre interlocuteur ne comprend plus vos propos (ou les siens). Il a décroché au moment même où il a commencé à s'intéresser à ses dents.

GESTE N° 105. Il frotte ses **dents** du bout de l'index, **coude en appui.** ☹ ☹ ☹

> ***Ce qui signifie*** : Il vous trouve aussi subtil que son gros orteil et vous signale par la même occasion que si vous attendez une aide quelconque de sa part, vous risquez de patienter très longtemps. Un dernier élément mais qui à son importance : vous ou vos idées le laissez totalement indifférent. Cela étant, vous auriez affaire au roi de la productivité-plancher ou à une espèce de sans-grade fier de son inexistence que je n'en serais pas autrement étonné.

LES DOIGTS DU PENSEUR

GESTE N° 106. Votre interlocuteur presse les pulpes de ses **doigts** les unes contre les autres en forme de toit. Ses **coudes** sont **en appui** sur la table.

> ***Ce qui signifie*** : En voilà un qui serait totalement généreux et tout à fait dépourvu de cette mauvaise graisse qu'est la jalousie professionnelle en temps de crise. Contrairement à beaucoup d'attitudes gestuelles curieuses, la sienne, aussi empruntée qu'elle vous paraisse, signifierait que sa curiosité est en éveil. Allez-y franchement!

Valéry Giscard d'Estaing sur France 2. Il faut bien admettre que ce geste bonifie les hommes politiques. Ils l'utilisent presque tous. A croire qu'il en connaissent la signification (n° 106).

GESTE N° 107. Les **coudes en appui**, votre interlocuteur entrecroise ses **doigts** tendus devant son visage. ☺ ☺

> ***Ce qui signifie*** : Votre interlocuteur s'intéresse à votre démarche et vous le signale au moyen de ce message gestuel qui pourrait vous sembler fabriqué de toutes pièces.

GESTE N° 108. Ses **doigts** tendus sont entrecroisés horizontalement sous son menton formant une passerelle, paumes dans le prolongement des doigts soulignant son visage sans le toucher expressément, **coudes en appui.** ☹

> ***Ce qui signifie*** : Confiez-lui une information confidentielle et vous pouvez être certain que tous ceux qui devraient l'ignorer seront mis au courant dans les meilleurs délais. Sa langue est aussi leste que sa discrétion est relative. Prétentieux, superficiel et quelque peu excentrique sont trois de ses défauts, ils situent le personnage qui va avec le geste.

LE FRONT DU PENSEUR

GESTE N° 109. Il appuie son poing droit refermé légèrement décalé sur son **front, coude en appui.** ☺

> ***Ce qui signifie*** : A malin, malin et demi! Vous risquez de vous faire piéger si vous n'y prenez garde. Votre interlocuteur ne vous accordera sa confiance que si vous lui prouvez votre savoir-faire au lieu de lui démontrer votre capacité à faire savoir ce que vous ignorez peut-être.

GESTE N° 110. Votre interlocuteur appuie son poing gauche refermé sur son **front, coude en appui.** ☹

> ***Ce qui signifie*** : C'est le genre d'individu qui insinue plus qu'il n'en dit. Toujours l'air désolé sans qu'on sache très bien pourquoi. Quant à ses insinuations, si j'étais vous, je m'en méfierais.

GESTE N° 111. Le **front** de votre interlocuteur s'appuie contre le pouce et l'index tendus d'une de ses mains, **coude en appui**, dans une attitude d'intense réflexion. Les autres doigts sont repliés. ☺

> ***Ce qui signifie*** : Vous êtes tombé sur un maître à penser sans agir, grand phraseur sous l'Eternel, l'esprit encombré d'un fatras d'idées préconçues. Il vous apportera son aide, sans compter, si vous la lui demandez. Le seul problème, c'est que vous ne saurez plus comment vous en débarrasser après coup.

GESTE N° 112. Votre interlocuteur appuie la paume de sa main contre son **front**, doigts pointés vers le haut du crâne, **coudes en appui**. ☺

> ***Ce qui signifie*** : Reportez-vous à l'interprétation de la figure gestuelle n° 111 !

GESTE N° 113. Il appuie son **front** sur son pouce, son index et son majeur de la main droite ou gauche, rassemblés en faisceau, **coude en appui**, l'annulaire et l'auriculaire sont repliés. ☺ ☺ ☺

> ***Ce qui signifie*** : Si votre interlocuteur a souvent recours àce geste, je vous conseille vivement de lui ouvrir votre cœur. C'est un homme de compromis, un être désintéressé qui ne vous en voudra jamais de l'avoir oublié quand vous aurez réussi. Il sait très bien de quelles petites mesquineries est faite l'amitié entre les hommes.

GESTE N° 114. Il appuie sa main gauche à plat sur son **front**, **coude en appui.** ☹

> ***Ce qui signifie*** : Si vous comptez sur lui pour mener à bien votre projet, vous partez perdant. (Cette interprétation ne vaut que pour les droitiers, comme d'habitude. S'il s'agit d'un gaucher, voyez la figure n° 115).

GESTE N° 115. Il appuie sa main droite à plat sur son **front, coude en appui.** ☺

Ce *qui signifie* : Il ne vous suivra pas les yeux fermés, même s'il vous apprécie professionnellement, mais vous pouvez le compter parmi vos alliés. Il vous soutiendra si votre projet est bien structuré. S'il s'agit d'un gaucher, voyez l'interprétation de la figure n° 114!

GESTE N° 116. Coude en appui, il pose sa main en visière sur son **front** tout en vous faisant face. ☹ ☹

Ce *qui signifie* : Envieux et avide, il se demande comment il pourra tirer profit de votre incommensurable naïveté.

GESTE N° 117. Votre interlocuteur pose ses deux mains sur le haut de son **front** et sur la partie antérieure de son crâne tout en dirigeant ses yeux vers le sol ou la table, **coudes en appui.** ☹ ☹

Ce *qui signifie* : Vous êtes en présence d'un démissionnaire du savoir-faire qui n'aurait plus que son cynisme comme dernier terrain de jeu. Si vous comptez sur lui pour vous épauler, je vous souhaite bien du plaisir.

GESTE N° 118. Le **front** de votre interlocuteur est appuyé sur le majeur et/ou l'index tandis que le pouce s'appuie contre la pommette pour soutenir la tête, **coude en appui.** ☹

Ce *qui signifie* : Si vous échouez, ne comptez pas trop sur lui pour redresser la barre!

GESTE N° 119. Les doigts en visière sur la partie gauche du **front**, pouce en appui sur la pommette, **coude en appui** sur un support. ☹ ☹

Ce *qui signifie* : Il ne se sent pas concerné par vos propos. Victime de tous les devoirs qu'on lui impose, il fait partie de la majorité silencieuse démoralisée par les perspectives bouchées qui l'attendent sans impatience. (Attention à sa latéralité! Pour les gauchers, voyez la figure n° 120).

GESTE N° 120. Les doigts en visière sur la partie droite du **front**, pouce en appui sur la pommette, **coude en appui** sur un support.

Ce qui signifie : Il ne se consacre vraiment bien qu'à deux occupations : les commérages et la distribution des mauvais points. Il sera toujours persuadé que vous essayez de le bluffer. Si vous dépendez de son bon vouloir, je vous plains de tout mon cœur. Certains gestes paraissent tellement anodins qu'il est difficile d'imaginer qu'ils puissent trahir autre chose qu'un réflexe sans signification. (Pour les gauchers, voyez la figure n° 119, bien que l'avers vaille le revers!).

LES INDEX DU PENSEUR

GESTE N° 121. Coudes en appui sur un support, les doigts croisés devant le visage, les **index** écartés donnent l'impression que votre interlocuteur mesure la largeur de sa bouche.

Ce qui signifie : Il se prend pour un fin renard que nul ne peut percer à jour. Evidemment, il trouvera toujours que votre sens politique est trop politicien et que vous êtes trop gourmand ou que vous lui faites de l'ombre. Il se servira de vous car il est très astucieux. Vous ne tirerez jamais aucun profit de lui tandis qu'il endormira votre sens critique en vous accordant sa confiance du bout de lèvres.

GESTE N° 122. Coudes en appui, l'**index** tendu de votre interlocuteur donne l'impression de vouloir forcer ses lèvres.

Ce qui signifie : Si vous lui ouvrez les portes de votre créativité, il vous envahira avec armes, gadgets et bagages pour vous squatter et s'emparer de vos idées. Ce qui ne l'empêchera jamais de vous affirmer qu'il n'est pas convaincu par votre savoir-faire.

Parallèlement ou perpendiculairement, Bernard Tapie perd son temps, aussi étonnant que cela puisse vous paraître pour un homme aussi sollicité de toutes parts (nº 123).

GESTE Nº 123. L'un des **index** appuyés parallèlement à ses lèvres, **coude en appui**, votre interlocuteur dissimule sa bouche.

> ***Ce qui signifie*** : Votre interlocuteur regrette de vous avoir consacré du temps ou de s'être dérangé pour vous rencontrer dans la mesure où vous ne lui apprenez rien de neuf.

GESTE Nº 124. Doigts croisés, **coudes en appui**, les **index** de votre interlocuteur sont collés l'un contre l'autre devant sa bouche, pointant vers le plafond.

> ***Ce qui signifie*** : Il n'ose pas vous dire que vous l'importunez.

GESTE Nº 125. **Coude en appui**, les doigts de votre interlocuteur sont repliés contre sa joue sauf l'**index**, collé à l'oreille, qui pointe vers le crâne.

Ce qui signifie : En voilà un que je ne fréquenterais pas plus qu'il n'est nécessaire, si j'étais à votre place. Il n'est pas capable d'obtenir, ne fut-ce qu'un simple renseignement, sans exercer un chantage pour le demander. Si vous le pratiquez, vous aurez très vite l'occasion de vous en rendre compte. Il a, en outre, un petit côté malsain de partisan des représailles qui vous mettra mal à l'aise.

LES JOUES DU PENSEUR

GESTE N° 126. Votre interlocuteur enfonce son index et/ou son majeur dans sa **joue gauche** pour soutenir sa tête, **coude en appui.**

Ce qui signifie : Si vous attendez de lui qu'il vous ouvre son portefeuille ou qu'il vous vote une petite rallonge au budget, vous frappez à la mauvaise porte. Il fait partie du club des mécènes repentis vaccinés contre la charité à tout jamais. Idem pour son appui, ça se monnaye!

GESTE N° 127. Votre interlocuteur enfonce son index et/ou son majeur dans sa **joue droite** pour soutenir sa tête, **coude en appui.**

Ce qui signifie : Contrairement au précédent, vous avez peut-être une petite chance d'avoir gain de cause. La joue droite n'étant pas la joue gauche, présentez-lui votre projet comme une sorte de martingale. S'il est joueur dans l'âme, il suivra sa nature.

GESTE N° 128. Coude en appui, l'une des **joues** de votre interlocuteur s'appuie sur la main correspondante, paume ouverte.

Ce qui signifie : S'il fait souvent appel à cette posture en vous écoutant, vous avez gagné. Vous êtes en présence d'un individu sensible, agréable et fécond prêt à vous épauler dans la mesure où vous lui laissez le premier rôle. Vous pouvez lui faire confiance, même ses rêves sont efficaces.

En digne héritier de Margaret Tatcher, John Major affiche ostensiblement sa générosité à géométrie très variable d'un index nonchalant (n° 126).

GESTE N° 129. L'avant-bras est replié sur le bras, main à hauteur de l'épaule, doigts recroquevillés, la **joue** repose sur le dos de la main, **coude en appui**. La main opposée tient en général le coude du bras qui sert de support. ☹

> ***Ce qui signifie*** : Son machiavélisme sera transparent pour tout le monde sauf pour vous. Prenez garde ! Il est persuasif et, surtout, profondément vénal.

GESTE N° 130. La **joue** de votre interlocuteur est appuyée sur le couple index-majeur tandis que le pouce soutient le menton, **coude en appui**. ☺ ☺

Ce qui signifie : Votre interlocuteur est à l'écoute sans a priori. S'il s'agit d'un supérieur hiérarchique ou d'un client, c'est un créateur d'opportunités. Profitez-en avant que le climat ne se modifie.

LES LEVRES DU PENSEUR

GESTE N° 131. Votre interlocuteur lisse les commissures de ses **lèvres** du pouce et de l'index du haut vers le bas, de part et d'autre de sa bouche légèrement grimaçante, **coude en appui**.

Ce qui signifie : Il n'a manifestement pas la conscience très nette. Vous avez dit bizarre ?

GESTE N° 132. Il tire avec ses doigts sur sa **lèvre** inférieure, **coude en appui**.

Ce qui signifie : Il trouve que vous êtes un drôle d'oiseau et vous prête certainement plus d'attention que vous ne lui en accordez. Vous devriez vous méfier car votre interlocuteur n'est pas forcément l'enfant de chœur que vous croyez.

GESTE N° 133. Votre interlocuteur tire sur sa **lèvre** supérieure, **coude en appui**.

Ce qui signifie : Il n'a pas vraiment l'impression que vos points de vue s'accordent ou qu'il pourrait tirer parti de vos compétences. Si vous lui offrez votre aide, il risque fort de décliner votre offre sous n'importe quel prétexte. Le geste est rare mais sa signification ne fait aucun doute. On dit parfois de ce genre de quidam qu'il a une langue de bois bien pendue.

GESTE N° 134. Votre interlocuteur agace ses **lèvres** de haut en bas et de bas en haut sans émettre le son caractéristique du bébé, **coude en appui.**

> ***Ce qui signifie*** : Peu courant mais tellement éloquent que je ne résiste pas au plaisir de vous le traduire. Votre interlocuteur considère que vous essayez de le manipuler. Sa réaction gestuelle équivaut à un pied de nez. Irrévocable.

GESTE N° 135. Votre interlocuteur pince souvent ses **lèvres** avec ses doigts rassemblé en faisceau, **coude en appui.**

> ***Ce qui signifie*** : Il se sent débordé et votre impatience éventuelle n'est pas faite pour arranger les choses.

PPDA, toujours lui, soigne son image audio-visuelle qui est aussi le fond de commerce de sa carrière. Son geste (n° 136/137) ne vous l'envoie pas dire.

GESTE N° 136. Votre interlocuteur pose son index droit en travers de ses **lèvres**, comme s'il mimait l'idée de se taire, **coude en appui**. ☹ ☹

Ce qui signifie : Il fait semblant de vous écouter tout en s'intimant gestuellement l'ordre de se taire pour ne pas relancer le débat.

GESTE N° 137. Il pose son index gauche perpendiculairement à ses **lèvres**, dans le même ordre d'idée que la posture précédente, **coude en appui**. ☺

Ce qui signifie : Il fait son marché dans les idées que vous lui exposez avec tellement de complaisance tout en songeant qu'elles pourraient bien être utiles à sa carrière. Tâchez de ne pas lui servir de cabas jetable !

GESTE N° 138. Votre interlocuteur fait des arpèges sur sa **lèvre** inférieure avec les doigts de l'une de ses mains, **coude en appui**. ☺ ou ☹

Ce qui signifie : Vous êtes en présence d'un individu économe de son souffle, parcimonieux de ses conseils et peu enclin à vous suivre s'il n'y voit pas son intérêt personnel. Le crime doit lui profiter impérativement pour qu'il vous aide à sacrifier l'agneau sur l'autel de vos ambitions.

GESTE N° 139. Coude en appui, l'index et le majeur pincent les **lèvres**, à l'horizontale. ☹ ☹

Ce qui signifie : Votre conversation fatigue mentalement votre interlocuteur ou votre entrevue lui paraît stérile. Si le geste perdure, vous avez tout intérêt à le faire parler avant qu'il ne vous serve un prétexte quelconque pour se débarrasser de votre présence.

GESTE N° 140. L'index droit appuyé en parallèle sur les **lèvres** les dissimule tandis que le pouce se cache sous le menton, **coude en appui.**

Ce qui signifie : Il pense que vous devriez vous acheter des bacs Riviera pour cultiver vos illusions sur votre balcon. Votre interlocuteur vous considère comme une espèce d'utopiste patenté avec lequel il collaborera éventuellement dans une autre vie.

GESTE N° 141. Le couple index-majeur s'appuie sur les **lèvres** de votre interlocuteur, **coudes en appui.**

Ce qui signifie : Soit, il considère que vos arguments ne tiennent pas la route, soit il trouve que vous avez une imagination galopante. De toutes les manières, il vous invite gestuellement à faire ce que bon vous semblera.

LES MAINS DU PENSEUR

GESTE N° 142. Les **coudes en appui**, les **mains** de votre interlocuteur sont jointes mais les doigts sont écartés deux à deux.

Ce qui signifie : Il est difficile à vivre. Il sera toujours persuadé que vous avez tort avant même de savoir de quoi il retourne. Je vous le déconseille dans tous les cas de figures.

GESTE N° 143. Il joint les **mains** paume contre paume tout en pinçant son nez entre ses pouces, **coudes en appui.**

Ce qui signifie : Il faut être vicieux pour en arriver là. Et pourtant, c'est probablement un individu clair, net, précis et sans bavures auquel vous avez affaire. Il sait promouvoir son image de marque auprès de tous ceux dont il recherche l'estime et est apprécié par tous ceux qui le connaissent bien. Un petit défaut à la cuirasse toutefois, flattez-le subtilement et il fondra comme un glaçon dans un chocolat chaud. C'est toujours bon à prendre!

GESTE N° 144. Les **coudes en appui**, les **mains** de votre interlocuteur sont généralement jointes à hauteur de son visage, comme à la prière.

Ce qui signifie : Il trouve que vous faites beaucoup de vent pour pas grand-chose. Soyez donc un peu plus pragmatique et vous vous ferez un allié de poids, doublé d'un bûcheur émérite. On peut lui faire confiance dans tous les cas ou presque.

Edouard Balladur à l'Heure de Vérité. Ecoute-t-il vraiment avec attention la question que lui pose son interlocuteur ? (n° 144)

GESTE N° 145. Les **coudes en appui**, la **main** droite de votre interlocuteur enveloppe sa **main** gauche. ☺ ☺ ☺

Ce qui signifie : Il vous signale tout bêtement qu'il croit en vous ou en ce que vous lui dites.

Jacques Chirac croit en vous (nº 145). A moins qu'il croit en lui : les hommes de pouvoir se servent toujours de leurs interlocuteurs comme d'un miroir sans tain.

GESTE N° 146. Les **coudes en appui**, la **main** gauche enveloppe la main droite. ☹

> ***Ce qui signifie* :** Il se demande si vous êtes motivé par votre projet ou si vous faites semblant?

GESTE N° 147. Votre interlocuteur, **coudes en appui**, se frotte les **mains** l'une contre l'autre, comme Ponce Pilate ou comme s'il se lavait les mains sous le jet d'un robinet. ☹ ☹

> ***Ce qui signifie* :** Soit, il regrette soudainement de vous avoir reçu dans son bureau, soit il vous signale gestuellement que vous ne pourrez malheureusement pas compter sur son appui.

GESTE N° 148. Il presse ses **mains** l'une contre l'autre, les doigts accrochés en quinconce, **coudes en appui**. ☺ ou ☹

> ***Ce qui signifie* :** Il vous donnera l'impression d'être généreux, confiant et d'une loyauté sans faille. Cela pourrait être vrai si vous n'entrez pas en conflit avec lui. Car dans ce cas précis, il peut tout aussi bien se métamorphoser en frelon hargneux sous vos yeux incrédules. Un petit point de détail qui pourrait avoir son importance! Cette attitude est assez typique pour être remarquable. Elle appartient à des individus qui tirent un plaisir trouble de leurs souffrances. Or, la souffrance a ceci de fabuleux qu'elle autorise la sublimation et permet à un imbécile de devenir génial, du jour au lendemain.

LE MENTON DU PENSEUR

GESTE N° 149. Il sujet pose son **menton** entre le pouce et le majeur, index replié contre le menton, **coude en appui** (droite/gauche)
☹ si vous êtes un naïf! ☺ si vous êtes un malin!

> ***Ce qui signifie* :** Il est en train de se demander comment il pourra tirer profit de votre incommensurable naïveté.

GESTE N° 150. Coudes en appui, une main couvre l'autre tandis que l'un des pouces soutient le **menton.** ☺ ☺ ☺

> ***Ce qui signifie*** : Il ne vous suivra pas les yeux fermés, mais vous pouvez le compter parmi vos alliés. Il vous soutiendra si votre projet lui semble porteur.

GESTE N° 151. Le **menton** de votre interlocuteur repose sur les phalanges (face externe) de la main à demi refermée, **coude en appui.** ☺ ☺ ☺

> ***Ce qui signifie*** : Il est capable de réagir au quart de tour avec un esprit ingénieux et pratique sous toutes ses coutures. S'il vous soutient, vous avez bien de la chance de le compter parmi vos alliés. Il a le chic pour sortir indemne des situations les plus délicates.

GESTE N° 152. Le **menton** repose sur le bout des doigts, main ouverte, **coude en appui.** ☹ ☹

> ***Ce qui signifie*** : Il vous séduira en usant d'un double langage et en abusant de sourires enjôleurs pour vous soutirer tous ce que vous savez. Et quand il saura tout, il vous laissera choir.

GESTE N° 153. Il appuie son **menton** sur ses deux poings fermés, **coudes en appui.** ☹ ☹ ☹

> ***Ce qui signifie*** : Il veut le beurre, l'argent du beurre et le sourire de la crémière en prime.

GESTE N° 154. Votre interlocuteur joint les mains comme à la prière et pose son **menton** sur le bout de ses doigts, **coude en appui.** ☹ ☹ ☹

> ***Ce qui signifie*** : Sa fatuité n'a d'égale que son imprudence verbale. Arriviste et réfractaire à l'ambition des autres,

Indéniablement, Bernard Pivot correspond à l'interprétation du geste représenté ici. Et il le montre tous les vendredis soirs (n° 151).

votre succès éventuel le contrariera vivement... surtout si vous y arrivez malgré lui.

GESTE N° 155. Il repose son **menton** sur son pouce tandis que son index et son majeur sont posés sur ses lèvres, **coude en appui** ☺ ☺ ☺

Ce qui signifie : Le verbe dominé, conquis par son éloquence se soumettra, comme vous, à ses jugements. Il maîtrise la nuance comme d'autres maîtrisent leur jouissance. Dans les deux cas, vous aurez toujours affaire à des oiseaux rares. Ecoutez-le et suivez ses conseils, s'il accepte de vous aider dans votre entreprise !

Quand vous aurez lu l'interprétation de ce geste particulier (n° 158), vous saurez tout sur PPDA. Du moins ce que cet index en moustache veut très précisément dire !

GESTE N° 156. Coude en appui, l'une de ses mains en appui sous la lèvre inférieure. Les doigts collés l'un à l'autre cachent son **menton.** ☹ ☹

> ***Ce qui signifie*** : Une mentalité un peu trop mercenaire pour épouser longtemps vos idées. Il devrait, en principe avoir le temps de le voir passer dans la mesure où il ne fait pas grand-chose de passionnant dans la vie.

GESTE N° 157. Il pose son **menton** dans sa main tout en dissimulant sa bouche de ses doigts rassemblés, **coude en appui.** ☹ ☹ ☹

> ***Ce qui signifie*** : Cette séquence gestuelle est une véritable fin de non recevoir. Vous perdez votre temps, votre interlocuteur est absent même s'il n'en a pas l'air.

GESTE N° 158. L'index de votre interlocuteur forme moustache de la lèvre supérieure, pouce en appui sur le **menton** ou sous l'oreille et le reste des doigts étant repliés sur eux-mêmes, **coude en appui** sur la table. ☺ ☺

Ce qui signifie : Ce type de posture fait partie de celles que j'ai souvent observées dans le cadre de mes interventions en milieu professionnel. Elle appartient à un individu qui sait être affirmatif, surtout quand il n'est sûr de rien, craint les ravages du qu'en-dira-t-on, brasse un maximum d'affaires en même temps sans se soucier le moins du monde de leur aboutissement. Il est souvent bourré de préjugés et d'idées préconçues. Il tire en général sa crédibilité de son aspect austère. Exigeant avec lui-même, despote avec ses proches collaborateurs, rapace dans le cadre de ses négociations, il est le parfait négociateur pour mettre ses interlocuteurs dans leurs petits souliers. Il prend d'ailleurs un malin plaisir à angoisser ses collaborateurs. Pourtant, s'il épouse vos idées vous trouverez en lui un interlocuteur déterminé, impératif, meneur d'hommes, volontaire, professionnel dans son domaine d'activité, toutes qualités assorties d'un degré de leadership incontestable.

GESTE N° 159. Votre interlocuteur pose son **menton** sur son pouce, appuie son index et son majeur contre sa joue, annulaire et auriculaire repliés devant les lèvres, **coude en appui**. ☺ ☺ ☺

Ce qui signifie : Vous avez cinq minutes pour le convaincre mais vous pourrez compter sur lui si vous êtes capable de vous investir à fond dans votre projet ou celui qu'il vous propose.

GESTE N° 160. Votre interlocuteur appuie son index et son majeur sur la carotide et pose son **menton** sur l'annulaire et l'auriculaire repliés, **coude en appui** ☺ ☺ ☺

Ce qui signifie : S'il négociait avec le diable, il l'emporterait haut la main. Vous pouvez lui faire confiance!

GESTE N° 161. Votre interlocuteur pose son **menton** sur la paume de sa main ouverte, doigts écartés contre le visage, **coude en appui.** Les doigts sont pointés vers le haut et dissimulent en partie ses traits comme un masque. ☺

> ***Ce qui signifie*** : Il trouve que vous faites beaucoup de vent pour pas grand-chose mais il n'est pas du tout opposé à votre projet, même s'il vous en donne l'impression par moment.

GESTE N° 162. Votre interlocuteur pose son **menton** sur la première phalange de son pouce gauche ou droit en extension, **coude en appui.**
☺ si vous êtes attentif!
☹ ☹ si vous êtes distrait ou trop confiant!

> ***Ce qui signifie*** : Votre interlocuteur se laissera facilement influencer par vos arguments quitte à le regretter ensuite. Si la proposition émane de lui (ou d'elle), sachez que vous êtes en présence d'un allumeur(euse) qui n'éteint jamais les incendies qu'il (elle) provoque. En règle générale, il s'en tire toujours en vous laissant avec un cierge pour prier.

GESTE N° 163. Votre interlocuteur cale son **menton** dans l'ouverture supérieure de son poing, **coude en appui.** ☹ ☹

> ***Ce qui signifie*** : Il tournera autour du pot dès que vous lui demanderez de prendre position.

GESTE N° 164. Votre interlocuteur pose son **menton** dans sur sa paume gauche, **coude en appui**, doigts recourbés. ☺ ☺

> ***Ce qui signifie*** : S'il le souhaite, il est en mesure de vous offrir son appui. La séquence gestuelle adoptée vous enseigne, en tous cas, qu'il est ouvert à cette idée.

Patrick Poivre d'Arvor est décidément le plus grand utilisateur de gestes de l'audiovisuel. Ici (n° 163), il marque une grande hésitation.

GESTE N° 165. Il pose son **menton** dans sur sa paume droite, **coude en appui**, doigt recourbés.

> ***Ce qui signifie*** : Vous avez la possibilité de réussir. La balle est dans votre camp.

LA MOUSTACHE DU PENSEUR

GESTE N° 166. Il tire sur les poils de sa **moustache, coude en appui.** ☹ ☹

Ce qui signifie : Son geste signifie qu'il se sent obligé de vous subir dans le cadre de sa vie professionnelle. Négatif et pénalisé, il affiche gestuellement son climat mental qui, espérons, n'est que de passage, à moins que vous n'en soyez la cause.

GESTE N° 167. Votre interlocuteur se lisse les **moustaches** de son index gauche ou droit tout en grimaçant légèrement, **coude en appui.** ☹ ou ☺

Ce qui signifie : Il vous trouve trop exigeant dans la mesure où il veut tout ou presque. Si vous êtes une demie fois plus malin que lui, il n'aura rien et vous aurez tout.

LE NEZ DU PENSEUR

GESTE N° 168. Il se cure l'orifice du **nez** avec le pouce, **coude en appui.** ☹

Ce qui signifie : Il en est beaucoup qui à force de grimaces sont devenus des figures, écrivait Diderot dans « Le neveu de Rameau ». Quand on y met le pouce alors qu'un auriculaire suffirait, cela signifie, peu ou prou, la même chose.

GESTE N° 169. Votre interlocuteur se tripote distraitement les poils du **nez, coude en appui.** ☹

Ce qui signifie : Attention où vous mettez les pieds! Votre interlocuteur serait un peu sectaire que ça n'aurait rien d'étonnant.

GESTE N° 170. Votre interlocuteur écrase la pointe de son **nez** du bout de son index, **coude en appui.** ☹ ☹

Ce *qui signifie* : Le genre à faire naufrage dans une flaque d'eau ou à se noyer dans un verre à dents. Vous n'en tirerez que des gémissements. Et encore!

GESTE N° 171. Il se pince les ailes du **nez** entre le pouce et l'index, **coude en appui.** ☹

Ce *qui signifie* : C'est fou le nombre d'individus qui font de l'apnée à l'air libre. Votre interlocuteur se bouche le nez pour vous signaler que vous êtes en train de vous engager sur une voie de garage. Sympa, non?

GESTE N° 172. Il se cure constamment l'orifice du **nez** avec l'auriculaire, **coude en appui.** ☹ ou ☺

Ce *qui signifie* : Handicapé par un complexe de supériorité identifiable dans les cinq premières minutes d'un entretien, votre interlocuteur a la fâcheuse tendance d'entrer en conflit avec tout ceux qui l'approchent. Si vous voulez le rendre aimable, placez-le ostensiblement au centre de vos intérêts avant de l'intéresser à votre projet. Cependant, vous êtes en présence d'un fervent partisan de la loi et l'ordre et s'il trouve que votre projet fait désordre, il s'arrangera pour le faire avorter.

GESTE N° 173. Votre interlocuteur se cure rageusement les **narines** avec l'un de ses index ou les deux tour à tour, **coude en appui.** ☹ ☹

Ce *qui signifie* : Féru de solutions magiques, enragé, infatigable et fatigant, incapable de respecter le territoire des autres, il affiche un mépris total pour les règles qui régissent les rapports sociaux dans l'entreprise. Il rate en général toutes les opportunités par excès d'impatience. Passez votre chemin ou vous retournerez à la case-départ!

LES ONGLES DU PENSEUR

GESTE N° 174. Votre interlocuteur fait mine de se ronger les **ongles, coude en appui.**

Ce qui signifie : Si votre interlocuteur reproduit ce geste très souvent, il est bon que soyez averti de ce qui se trame sous sa calotte crânienne. Son climat mental anarchique est en concurrence avec ses humeurs chaotiques. La confusion la plus totale règne entre ses neurones pour le moment. Mieux vaut reporter l'entretien à plus tard ou à la Trinité!

LES OREILLES DU PENSEUR

GESTE N° 175. Votre interlocuteur rabat le pavillon de son **oreille** avec sa main, **coudes en appui.**

Ce qui signifie : Introverti, sédentaire et immobiliste par vocation, votre interlocuteur se méfie de tout progrès et se montrera peu coopératif si vous lui demandez de collaborer àl'édification d'un nouveau projet.

GESTE N° 176. Coudes en appui, les doigts en forme d'écouteurs encerclent les **oreilles.** ou

Ce qui signifie : Vite fatigué intellectuellement, votre interlocuteur n'est pas dans son assiette habituelle. Cependant, si vous avez remarqué qu'il privilégie ce type de séquence gestuelle assez peu courante, n'hésitez pas à le « brancher » sur son sujet favori avant de lui balancer vos arguments! Pour votre gouverne il n'existe que deux sujets favoris pour votre interlocuteur : le sexe et l'argent.

GESTE N° 177. Il se cure l'**oreille** droite de l'index correspondant, **coude en appui.** ☹ ☹ ☹

Ce qui signifie : Quand vous connaîtrez mieux votre interlocuteur, vous vous demanderez certainement dans quelle mesure certains assassins ne sont pas les premières victimes du crime qu'on leur reproche quand ils ont affaire au genre de quidam qui vous fait face. Méditez cet aphorisme après avoir pris congé de votre interlocuteur !

GESTE N° 178. Votre interlocuteur se cure l'**oreille** gauche de l'index gauche, **coude en appui.** ☹ ☹ ☹

Ce qui signifie : Difficile à croire, mais ce geste prouve que la moindre de vos réussite est une plaie purulente pour la jalousie de votre interlocuteur. Il est envieux, malveillant, malfaisant, diffamatoire, et j'en passe, tellement le menu est atroce. Tout ça bien entendu ne tient debout qu'en cas de manie non justifiée par une maladie auriculaire quelconque et ponctuelle. Encore que, on pourrait se demander quelle serait l'origine de la maladie !

GESTE N° 179. Votre interlocuteur fait des arpèges avec ses doigts sur l'hélix de l'une de ses **oreilles**, rabattant celle-ci vers le bas, **coude en appui.** ☹ ☹ ☹

Ce qui signifie : Un faux prophète se vante toujours de prédire de vraies présages. Votre interlocuteur se confond idéalement avec ce genre de Cassandre dont les conseils coûtent une fortune à tous les payeurs qui lui prêtent une oreille attentive mais pas toujours critique.

GESTE N° 180. Il repose son **oreille** droite contre sa main correspondante, **coude en appui.** ☺ ☺

Ce qui signifie : Il vous apprécie. Distillez le temps de l'entretien afin qu'il poursuive dans cette voie !

GESTE N° 181. Il repose son **oreille** gauche dans sa main correspondante, **coude en appui.** ☺ ☺

> ***Ce qui signifie*** : Qu'il a bien envie d'accrocher son wagon à votre locomotive en espérant que votre projet sera un TGV.

GESTE N° 182. Votre interlocuteur se cure l'**oreille** gauche de l'index droit et vice-versa, **coude en appui.** ☹

> ***Ce qui signifie*** : C'est le genre d'individu qui est toujours prêt à rendre service mais qui ne sera jamais disponible quand vous ferez appel à lui. Pour votre gouverne, on appelle ce genre de collègue un collaborateur à géométrie variable ou encore... un mirage humain.

GESTE N° 183. Il se palpe le lobe de l'**oreille** droite ou gauche entre le pouce et l'index, **coude en appui.** ☹

> ***Ce qui signifie*** : Vos propositions le démotiveraient plutôt. En tous cas, elles ne rencontrent aucun écho dans son esprit. Faites-le parler!

GESTE N° 184. Il se cure rageusement l'**oreille** droite avec l'auriculaire, **coude en appui.** ☹ ☹

> ***Ce qui signifie*** : Vous êtes en présence d'un véritable sac de nœuds. Si vous avez l'âme d'un psy, je m'en voudrais de vous gâcher votre plaisir.

GESTE N° 185. Votre interlocuteur se cure tout aussi rageusement l'**oreille** gauche avec l'auriculaire correspondant, **coude en appui.** ☹ ☹

> ***Ce qui signifie*** : En voilà un qui sait se vendre bien plus cher qu'il ne vaut en réalité. Tout dépend du prix que vous êtes prêt à payer si vous êtes l'acheteur. Si vous êtes le vendeur, je parie qu'il vous demandera très vite où vous voulez en venir. Son petit doigt ne pourrait le lui dire dans la mesure où il est trop occupé à curer son oreille.

GESTE N° 186. Il pose ses deux mains sur ses **oreilles, coudes en appui.** ☺ ☺

Ce qui signifie : La posture est trompeuse. L'individu est plutôt rapide de la gâchette, comme diraient les Américains. Il vous donnera toujours l'impression que vous lui faites perdre son temps mais si vos propositions chatouillent son flair, il deviendra aussi fabuleusement efficace qu'il peut se montrer dispersé, négligent et désordonné. Ses démarrages sont foudroyants. Vous avez intérêt à accrocher votre baudrier de sécurité.

GESTE N° 187. Il tire constamment sur le lobe de son **oreille** droite ou gauche, **coude en appui.** ☹ ☹

Ce qui signifie : C'est le genre de collègue qui sait par cœur tout ce que vous ne saurez jamais. A part ces insignes compétences, on se fait souvent beaucoup d'illusions sur son compte. Jusqu'à ce qu'on réalise à quel genre de gaffeur on a affaire sans compter qu'il faut parfois allumer les « anti-brouillard » pour le suivre dans ses raisonnements.

GESTE N° 188. Les **coudes en appui** sur les cuisses, les mains couvrent les **oreilles.** ☹

Ce qui signifie : Vous finissez par l'ennuyer à force de parler. Les désillusions remplacent progressivement les illusions qu'il se faisait à votre propos.

LES PAUPIERES DU PENSEUR

GESTE N° 189. Votre interlocuteur obture sa **paupière** gauche du bout de ses doigts, **coude en appui.** ☹

Ce qui signifie : Son esprit décroche. Proposez-lui une pause.

GESTE N° 190. Votre interlocuteur ferme sa **paupière** droite du bout des doigts, **coude en appui.** ☹ ☹

> ***Ce qui signifie*** : Si vous échouez, il vous consolera avec beaucoup de cœur et vous aidera à vous relever, le cas échéant. Si vous réussissez, il vous trompera. Si j'étais vous, je m'abstiendrais.

GESTE N° 191. Coudes en appui, votre interlocuteur tire sur sa **paupière** droite ou gauche. ☹ ou ☺ suivant les cas!

> ***Ce qui signifie*** : Adepte inconditionnel du star-system dans le plus pur style « moi, moi, moi et les autres » s'il leur reste encore un peu de place. Observez et écoutez-le quand il se gargarise de ses demi-succès et de ses quarts de réussites devant ses collègues toujours choisis parmi les plus bovins. Si vous avez besoin de son aide...rejoignez le troupeau.

LES POINGS DU PENSEUR

GESTE N° 192. Poings serrés l'un contre l'autre, les articulations des pouces soutiennent le menton, **coudes en appui.** ☹

> ***Ce qui signifie*** : Il y a comme un non sens. Comment est-il possible de penser avec ses poings? De toute manière, si votre interlocuteur use et abuse de cette attitude, cela signifie qu'il s'engage souvent à la légère. C'est un poids-coq!

GESTE N° 193. Votre interlocuteur ferme souvent son **poing** gauche ou droit. Son visage repose sur les phalanges. Il dissimule son pouce sous ses doigts repliés, **coude en appui.** ☹ ☹

> ***Ce qui signifie*** : En affichant cette séquence gestuelle, il vous signale tout simplement que vos points de vue sont inconciliables.

Est-il conciliable avec qui que ce soit? Qu'il dissimule son pouce ou non, le président Elkabbach a déjà son point de vue aussi amidonné que ses cols de chemise (nº 193). La fonction fait l'homme.

GESTE N° 194. Coudes en appui, la main droite de votre interlocuteur enveloppe le **poing** gauche. ☹ ☹

Ce qui signifie **:** Il est sur la défensive car il a la très nette impression, à tort ou à raison, que vous cherchez à envahir son territoire.

Il a bien raison de défendre bec et ongles la peau de chagrin qui lui sert de paysage télévisuel. Il ne vous l'envoie pas dire, il le gestualise en toute franchise (n° 194).

GESTE N° 195. Coudes en appui, la main gauche de votre interlocuteur enveloppe le **poing** droit. ☺

Ce qui signifie : Rassembleur, directif, incisif, votre interlocuteur est le genre d'individu capable de transformer ses penalties. Il adore exagérer ses exploits mais on a tellement envie d'y croire. Il a une pêche d'enfer.

LES POUCES DU PENSEUR

GESTE N° 196. Votre interlocuteur pose ses **coudes en appui** sur une table, croise ses doigts devant sa bouche, **pouces** côte à côte appuyés sur ses lèvres. ☺ ☺

Ce qui signifie : Votre interlocuteur est ouvert à vos propositions. Donnez-lui simplement le temps de les digérer!

LES SOURCILS DU PENSEUR

GESTE N° 197. Il se lisse les **sourcils** du bout des doigts, **coude en appui.** ☹ ☹ ☹

Ce qui signifie : Il se collera un air de cabaliste sur le front et un air d'ésotériste distingué au coin des lèvres. Dans tous les cas de figure imaginables, il vous conseillera — avant — la plus mauvaise solution possible et vous reprochera de ne pas avoir choisi la meilleure — après. Il doit exister quelque part un rapport symbolique entre les sourcils et la mauvaise foi. Mais ce n'est qu'une idée en passant. En un mot comme en cent, il vous signale gestuellement que vous avez tout faux.

GESTE N° 198. Il se lèche les doigts avant de lisser ses **sourcils, coudes en appui.** ☹ ☹

Ce qui signifie : Drôles de manières pour un drôle de bonhomme! A éviter autant que possible!

LES TEMPES DU PENSEUR

GESTE N° 199. Votre interlocuteur appuie son index sur la **tempe** correspondante, doigts repliés sur eux-mêmes, tout en réfléchissant, **coude en appui.**

> ***Ce qui signifie*** : Que vous n'êtes pas aussi fou que pourrait vous le laisser croire le geste de votre interlocuteur. Homme de compromis, il pourrait vous être d'un grand secours.

GESTE N° 200. Votre interlocuteur pose son index sur sa **tempe**, pouce soutenant le menton, **coude en appui.**

> ***Ce qui signifie*** : Il vous demande gestuellement un délai pour réfléchir à votre projet. Vous avez tout intérêt à le lui accorder car s'il y réfléchit, c'est qu'il y adhère.

LA TETE DU PENSEUR

GESTE N° 201. Les phalanges de la main à moitié refermée soutiennent la **tête, coude en appui.**

> ***Ce qui signifie*** : Attention au profil! Le genre subversif toujours en retard d'une vengeance qui trouve le moyen de se disputer avec tous le monde. Et c'est avec « ça » que vous comptez collaborer? Je vous souhaite bien du plaisir.

GESTE N° 202. Coude en appui, l'index et le pouce de votre interlocuteur soutiennent sa **tête.**

> ***Ce qui signifie*** : Essayez donc d'adopter ce genre d'attitude et vous ressentirez l'inconfort du geste à moins que vous ne fonctionniez comme celui qui le privilégie. Vous vous trouvez en présence d'un briseur de tabous. Un vrai! Un de ceux dont le rôle consiste à secouer votre conscience endormie par la médiocratie professionnelle dans laquelle vous vous vautrez, crise ou pas crise.

GESTE N° 203. Votre interlocuteur pose la partie droite de sa **tête** dans la main correspondante. La tête penche à droite, **coude en appui.** ☹ ☹

> ***Ce qui signifie*** : Il n'est pas bien méchant mais pour ce qui est de la communication, vous repasserez dans sa prochaine vie. Il souffre d'indifférence générale, une maladie endémique sous nos latitudes en crise.

GESTE N° 204. Votre interlocuteur pose la partie gauche de sa **tête** dans la main correspondante. La tête penche à gauche, **coude en appui.** ☹ ☹

> ***Ce qui signifie*** : Il passe sa vie à regretter toutes les bonnes occasions qui lui échappent. Son attitude est révélatrice de son climat mental. Je gage que vous aurez très vite envie de vous débarrasser de sa présence.

LE VISAGE DU PENSEUR

GESTE N° 205. Coudes en appui sur la table, les deux mains de votre interlocuteur encadrent son **visage.** ☺ ☺ ☺

> ***Ce qui signifie*** : Il est doté d'une imagination fertile et d'un sens aigu de l'anticipation. Disciple du vieil Aristote qui prétendait qu'il n'existe rien dans notre intelligence qui ne soit passé par nos sens, il vous sera d'un grand secours si vous faites appel à lui.

GESTE N° 206. Les **coudes** sont posés sur les cuisses, les mains encadrent le **visage**. Votre interlocuteur est penché en avant. ☺ ☺

> ***Ce qui signifie*** : L'attitude est ouverte et l'interlocuteur qui l'adopte vous est acquis.

GESTE N° 207. Coude en appui, le **visage** est soutenu par une sorte de trépied constitué du pouce (bord du menton), de l'index (en appui sur la tempe) et du majeur (inséré entre les lèvres ou non) tandis que l'annulaire et l'auriculaire sont repliés.

> ***Ce qui signifie*** : Il ne maîtrise pas la situation même s'il veut en donner l'impression.

LES YEUX DU PENSEUR

GESTE N° 208. Votre interlocuteur a l'habitude de cacher ses yeux dans sa main gauche pour réfléchir, **coude en appui.**

> ***Ce qui signifie*** : Je vous déconseille de rechercher l'appui de votre interlocuteur s'il répète souvent ce type d'attitudes. Profitez de son temps de réflexion pour vous éclipser

GESTE N° 209. Il cache ses **yeux** dans sa main droite tout en réfléchissant, **coude en appui.**

> ***Ce qui signifie*** : Ca ne vaut pas mieux que la main gauche. Il est tellement malade de ses doutes qu'il risque d'être contagieux si vous le fréquentez assidûment.

GESTE N° 210. Il se frotte souvent l'un des **yeux** avec le dos de l'index recourbé, **coude en appui.**

> ***Ce qui signifie*** : Manque de sommeil? Que nenni! Votre interlocuteur tire un malin plaisir à stériliser les espoirs de ses collègues. C'est une sorte de disqualificateur qualifié. Tout le déçoit, lui y compris! Fuyez avant qu'il ne soit trop tard.

6

LA DEMARCHE

Si l'on observe la démarche des gens, on remarque très vite que coexistent plusieurs styles d'allure, de port ou de cadence auxquels il faut bien ajouter la participation obligée de certaines parties du corps. Les mains enfoncées dans les poches du pantalon, par exemple. Nous distinguons ici la démarche de la station verticale. Notre façon de marcher est étroitement liée à notre personnalité de base. Elle peut être influencée par le contexte du vécu mais la variation n'intervient que sur la cadence et le port. Il vous est certainement arrivé de reconnaître de dos un ami, à l'une ou l'autre occasion. La démarche d'un individu est unique dans la mesure où elle demeure libre de toute entrave ou de toute contrainte, de type militaire, par exemple. Elle appartient à sa personnalité gestuelle au même titre que ses qualités ou défauts font partie de son profil psychologique individuel. Montrez-moi votre façon de marcher et je vous dirai qui vous êtes!

GESTE N° 211. Votre interlocuteur **marche** à vos côtés en baissant les yeux sur ses chaussures.

> ***Ce qui signifie*** : Cette attitude dénote une tendance à vivre par procuration. Si vous avez besoin d'un prête-nom...

GESTE N° 212. Votre interlocuteur **marche** à vos côtés en regardant droit devant lui.

Ce qui signifie : Il se pourrait qu'il s'agisse d'un individu en proie à des difficultés de concentration ou encore une attitude dépressive associée à la peur de perdre son emploi. A vous de voir ce qu'il en est!

GESTE N° 213. Votre interlocuteur **marche** à vos côtés les bras collés au corps. ☹ ☹

Ce qui signifie : Encore un sur lequel vous ne pourrez jamais compter à l'heure de vérité!

GESTE N° 214. Votre interlocuteur **marche** toujours avec une ou ses deux mains enfoncées dans ses poches. ☺ ☺

Ce qui signifie : Contrairement à ce que vous pourriez penser, le fait de glisser ses mains dans ses poches ne signifie pas que le sujet observé manque de confiance en soi. C'est souvent le fait d'un individu enthousiaste, entreprenant et sans cette mauvaise graisse qu'est la ruse. L'attitude est ouverte dans la mesure où elle offre une assise confortable à celui qui la privilégie.

GESTE N° 215. Votre interlocuteur **marche** au pas cadencé, sans se soucier de votre rythme. ☺

Ce qui signifie : Il ne s'intéressera qu'au prestige personnel qu'il pourra retirer de vos propositions.

GESTE N° 216. Votre interlocuteur **marche** en balançant exagérément les bras. ☹

Ce qui signifie : Il rêve de sortir du lot. Si vous lui faites la courte échelle, vérifiez la hauteur du plafond! Un accident est si vite arrivé.

GESTE N° 217. Votre interlocuteur(trice) **marche** à vos côtés en se déhanchant de manière plus appuyée qu'à son habitude. ☹ ou ☺

Ce qui signifie : Il se croit irrésistible, insubmersible, irréfragable. Il vit pour, par, dans et à travers la galerie.

GESTE N° 218. Il **marche** à vos côtés en jetant des coups d'oeil inquiets autour de lui. ☹ ☹

Ce qui signifie : Il trouve toujours que les autres sont de vils opportunistes qui veulent profiter de ses bonnes dispositions. Il est un peu fourbe, comme vous aurez certainement l'occasion de le remarquer.

GESTE N° 219. Il **marche** à vos côtés les mains accrochées dans le dos. ☺ ☺

Ce qui signifie : La démarche est ouverte et détendue, l'attitude indique que votre interlocuteur est plutôt serein, tolérant ou subtil.

GESTE N° 220. Il **marche** à vos côtés avec les deux pouces coincés dans la ceinture de son pantalon. ☹ ☹

Ce qui signifie : L'attitude est aussi oppositionnelle qu'envieuse, voire agressive.

GESTE N° 221. Il **marche** les bras croisés, tout en vous écoutant. ☹

Ce qui signifie : Il croise les bras parce qu'il est incapable de dire non. Curieux, n'est-ce pas? Il disparaîtra au moment où il devra assumer le oui que vous lui aurez extorqué.

GESTE N° 222. Votre interlocuteur **marche** en roulant des épaules.

Ce qui signifie : Il se sent tellement mal à l'aise qu'il essaye de se persuader qu'il est le plus fort au cas où, par exemple, votre entretien se terminerait en pugilat. Ce type d'attitude réactionnelle ne se rencontre que chez certains individus frustes.

GESTE N° 223. Votre interlocuteur cache un de ses pouces ou les deux dans les poches de son jeans ou glissés dans sa ceinture, en **marchant**.

Ce qui signifie : Je doute que vous trouviez une aide quelconque auprès de votre interlocuteur, s'il affiche ce genre de démarche en votre compagnie.

GESTE N° 224. Il **marche** en général à vos côtés, les mains accrochées l'une à l'autre sur son bas-ventre.

Ce qui signifie : Quand il intervient dans une affaire, l'espoir s'échappe par le hublot. S'il se mêle de vous rendre service, la somme de vos ambitions se désagrègera en molécules vidées de leurs atomes. Il porte la poisse. Si vous avez l'insigne malchance d'être à la fois son collègue et son ami, vous venez de comprendre un peu brutalement, je dois l'admettre, la raison pour laquelle vous avez si peu de chance. Je ne fais pas d'ironie à bon marché même si le ton de mes propos pourrait prêter à sourire. Le porte-poisse se repère à une série de séquences gestuelles sur lesquelles nous aurons l'occasion de revenir au cours de cet ouvrage. Personne ne peut être de plus mauvais conseil que lui. Le simple fait de le fréquenter suffit à transformer votre vie professionnelle en un véritable parcours du combattant. La seule amulette pour se prémunir du mauvais sort qu'il transporte dans son sillage, consiste à l'éviter ou à le fuir dans les meilleurs délais. Si vous estimez que je verse dans la superstition, que je radote, allez-y, accordez lui le bénéfice du doute. Mais ne venez pas pleurer toutes les larmes de votre corps si toutes vos chances s'inscrivent soudain aux abonnés absents. Si, par contre, vous trouvez que j'en parle avec éloquence, sachez que j'ai vécu cette expérience à plusieurs reprises. D'où ma science!

GESTE N° 225. Votre interlocuteur **marche** avec une main en poche tout en faisant tinter sa petite monnaie.

Ce qui signifie : « Je suis content pour lui » vous dira votre interlocuteur accompagnant ses paroles d'une grimace discrète en forme de sourire. Vous avez compris, il s'agit de la flatterie d'un jaloux. Le fait de jouer avec sa petite monnaie au fond de sa poche suffit à vous signaler que vous êtes en présence d'un adepte inconditionnel de ce péché capital. Danger immédiat!

GESTE N° 226. Votre interlocuteur **marche** à vos côtés avec les poings serrés.

Ce qui signifie : Revendicateur, contradictoire, dialectique et forcément polémique! Si vous aimez discuter au sens le plus noble du terme, vous serez servi au-delà de vos espérances.

7

LES DEMANGEAISONS

Le fait de se gratter fréquemment est à l'évidence un signe de tension nerveuse interne ou de stress imposé par l'environnement. Un individu sous pression peut être pris de démangeaisons circulantes sur toute la surface du corps. Cependant, les barbus se grattent souvent avec un certain plaisir sans pour autant ressentir l'aiguillon de la nervosité. Ce qui ne signifie pas qu'ils sont en règle générale des individus calmes et posés. On observe également des personnes qui se grattent le cuir chevelu en signe de perplexité ou quand ils sont confrontés à un problème. Certains se grattent le front, les tempes, les joues, la lèvre supérieure ou les orifices du nez pour ne citer que ceux-là. Il faut savoir que la démangeaison sous-cutanée représente le signal par excellence d'une perturbation ponctuelle du climat mental individuel.

GESTE N° 227. Il se « **gratouille** » les commissures des lèvres du bout de l'ongle de l'un de ses doigts.

> ***Ce qui signifie*** : Il n'aime pas vraiment qu'on le taquine. Attention aux excès de familiarité avec ce genre d'individu ! Il s'agit encore et toujours d'un geste d'envieux patenté.

GESTE N° 228. Votre interlocuteur **fourrage** distraitement dans sa barbe.

> ***Ce qui signifie*** : Votre discours l'ennuie. Abrégez !

GESTE N° 229. Votre interlocuteur se **gratte** vigoureusement derrière l'oreille droite ou gauche. ☹

> ***Ce qui signifie*** : Vous l'intimidez.

GESTE N° 230. Votre interlocuteur se **gratte** l'aile du nez du bout de l'index. ☹

> ***Ce qui signifie*** : A posteriori, il trouve vos propositions moins alléchantes qu'il ne l'avait imaginé initialement.

GESTE N° 231. Votre interlocuteur se **gratte** les sourcils du bout de l'index. ☹ ☹

> ***Ce qui signifie*** : Dommage que la recherche fondamentale de la toute jeune science génétique n'ait pas encore découvert le gène de l'irresponsabilité ! Vous êtes en présence d'un digne représentant de cette nomenklatura fort répandue sur notre petite planète, j'ai nommé les coupables à responsabilité relative.

GESTE N° 232. Votre interlocuteur se **gratte** souvent la paume de la main gauche. ☺ ☺ ☺

> ***Ce qui signifie*** : C'est un chanceux ! Collez-lui aux basques s'il vous accepte dans son cercle d'intimes ! Il est totalement « patte de lapin ».

GESTE N° 233. Votre interlocuteur a tendance à se **gratouiller** continuellement le visage. ☹ ☹

> ***Ce qui signifie*** : Il est victime d'un stress un peu particulier qui provient de son besoin viscéral de paraître. Il existe quatre types d'individus dans notre société : ceux qui sont, ceux qui font, ceux qui ont et ceux qui ne sont pas, ne font pas et ne possèdent pas. Comme vous l'avez deviné, votre interlocuteur appartient à cette dernière non-catégorie.

Comme chacun le sait, le poids des mots chatouille les tympans délicats jusqu'à provoquer des démangeaisons dans toute l'oreille (n° 229). Un geste fréquent chez Valéry Giscard d'Estaing.

GESTE N° 234. Votre interlocuteur se **gratte** mécaniquement le mollet.

Ce qui signifie : Je suis navré de devoir vous ôter, une fois de plus vos illusions mais les gestes valorisants ne sont pas légion dans ce chapitre consacré aux démangeaisons. Votre interlocuteur ne vous trouve pas très convaincant mais comme il a du temps devant lui, il s'en voudrait de vous interrompre.

GESTE N° 235. Votre interlocuteur se **gratte** le ventre.

Ce qui signifie : Vous êtes en présence d'un spécimen typique de cette race d'hommes qui coupent l'arbre pour avoir le fruit. C'est l'archétype de l'incrédulité en chair et en os. Vous risquez de perdre un temps fou à tenter de le convaincre avant de réaliser que votre projet prend l'eau de toutes parts depuis que vous lui en parlez. Laissez-le en compagnie de ses démangeaisons abdominales et cherchez-vous un autre interlocuteur, si cela vous est possible!

GESTE N° 236. Il se **gratte** le genou gauche. ☹ ☹

Ce qui signifie : Le manque total de générosité de votre interlocuteur vous apparaîtra rapidement. Si vous attendez une aide quelconque de sa part, vous feriez tout aussi bien de laisser vos illusions au vestiaire.

GESTE N° 237. Votre interlocuteur se **gratte** le genou droit. ☹

Ce qui signifie : Vous le démotivez ponctuellement!

GESTE N° 238. Votre interlocuteur se **gratte** ostensiblement sous les bras.
☹ ou ☺ si vous êtes fin psychologue!

Ce qui signifie : Ne serait-il pas quelque peu déprimé ou à bout de nerfs? Demandez-lui des nouvelles de sa santé! S'il s'étale avec plaisir sur le sujet, cela signifiera qu'il a effectivement besoin d'une oreille compatissante pour s'épancher.

GESTE N° 239. Il se **gratte** la tête avec son stylo, crayon, règle, etc. ☹

Ce qui signifie : Votre interlocuteur déteste se faire rouler dans la farine par quelqu'un qu'il considère comme plus stupide que lui. A savoir : vous! Si vous lui racontez des boniments, faites en sorte qu'ils paraissent crédibles,

GESTE N° 240. Il se **gratte** continuellement la tête de la main droite ou gauche. ☹

Ce qui signifie : Il ne parvient pas à prendre une décision. Relâchez la longe!

GESTE N° 241. Il se **gratte** l'omoplate. ☹ ☹

Ce qui signifie : Vous perturbez ses rêves en obligeant son sens critique à interrompre de longues vacances.

GESTE N° 242. Il se **gratte** régulièrement en-dessous des avant-bras. ☹ ☹

Ce qui signifie : Vous le découragez de poursuivre l'entretien.

GESTE N° 243. Votre interlocuteur **se gratte** le dessus de la main en permanence. ☹

Ce qui signifie : Il vous trouve trop rapide pour lui. Rétrogradez si vous ne voulez pas le perdre en chemin et essayez de vous adapter à son rythme!

GESTE N° 244. Il se **gratte** la paume de la main droite. ☺ ☺ ☺

Ce qui signifie : ... que l'une de ses extrémités l'avertit d'une opportunité. Il est à l'écoute de son corps de manière totalement instinctuelle et si votre projet lui plaît, tout est pour le mieux!

GESTE N° 245. Votre interlocuteur (masculin exclusivement) se **gratte** la poitrine. ☹ ☹

Ce qui signifie : Il oppose un silence pseudo-attentif à vos divagations. Ne vous fiez pas à son petit air insondable! Il n'y a effectivement rien à sonder.

GESTE N° 246. Votre interlocuteur se **gratte** le flanc. ☹ ☹

Ce ***qui signifie*** : Il commence à trouver le temps long.

GESTE N° 247. Il se **gratte** à la base du menton. ☹

Ce ***qui signifie*** : Vous l'inquiétez au lieu de le rassurer.

GESTE N° 248. Il se **gratte** souvent l'entre-fesse. ☹ ☹

Ce ***qui signifie*** : Il se comporte comme une boutique en liquidation totale. C'est un « has-been » comme disent nos voisins d'outre-Manche. Bien entendu, ce comportement peu ragoûtant pourrait tout aussi bien provenir d'un prurit accidentel.

GESTE N° 249. Votre interlocuteur se **gratte** souvent sous les bras, c'est-à-dire à l'angle qui sépare le bras de l'épaule. ☹ ☹

Ce ***qui signifie*** : Il se méfie de vos assurances ou des promesses qu'il vous a extorquées. Normal! On peut le considérer comme le roi des lâcheurs, s'il a pour habitude de répéter ce geste très souvent. Comment croire en la parole d'autrui quand on en est soi-même dépourvu?

8

L'ETERNUEMENT

Au-delà d'un simple réflexe, l'éternuement peut également être provoqué par un contexte psychique particulier. Le simple fait de trouver la solution d'un problème entraîne parfois une salve d'éternuements. D'autre part, si vous énoncez une vérité dans le cadre d'un entretien, il vous arrivera d'éternuer pour ponctuer vos propos. Comme si votre subconscient ou celui de votre vis-à-vis tentait de vous faire prendre conscience que vous venez d'exprimer quelque chose d'important!

Le réflexe sternutatoire est une libération au sens propre comme au sens figuré. L'auto-suggestion possède une action suggestive sur l'éternuement. Il est en effet possible de faire éternuer un sujet sur commande lorsqu'il est induit en état d'hypnose fruste ou en état de relaxation. Il en va d'ailleurs de ce réflexe particulier comme de la toux non pathologique, dont nous savons tous qu'elle se manifeste quand nous nous trouvons soudain placé dans une situation embarrassante.

GESTE N° 250. Votre interlocuteur se met soudain à **éternuer** en salve sans qu'un courant d'air ne justifie ce réflexe.

> ***Ce qui signifie*** : A moins que vous ne transportiez sur vous une odeur de foin, votre interlocuteur se demande comment il va mettre un terme à l'entretien sans vous vexer inutilement.

GESTE N° 251. Votre interlocuteur se contraint à **éternuer** silencieusement.

Ce qui signifie : En général, il fait semblant d'écouter ses interlocuteurs. Mais c'est aussi un individu qui aime notamment à se compliquer la vie et à interpréter abusivement les intentions des autres. Ce qui ne lui porte pas toujours bonheur. Question d'éducation, me rétorquerez-vous si vous avez pour habitude de mettre une sourdine à vos éternuements.

GESTE N° 252. Votre interlocuteur tourne la tête sur sa gauche pour **éternuer**.

Ce qui signifie : En guise de réaction ponctuelle, son éternuement pourrait signifier que votre enthousiasme est contagieux, s'il se répète de temps à autre au cours de votre entretien.

GESTE N° 253. Votre interlocuteur tourne la tête sur sa droite pour **éternuer**.

Ce qui signifie : Il sort en général du lot. Vous avez cinq minutes pour le convaincre mais vous pourrez compter sur son aide, s'il est séduit.

GESTE N° 254. Votre interlocuteur lance théâtralement la tête en arrière avant d'**éternuer** bruyamment.

Ce qui signifie : J'ai souvent remarqué que cette manière d'éternuer était le propre des spéculateurs les plus radicaux du genre. A votre place, je prendrais mes précautions avant de me lancer!

9

LA POIGNEE DE MAIN

Comme l'écrit Desmond Morris dans Le couple nu, « l'usage de la poignée de main s'est généralisé au milieu du siècle dernier. Son ancêtre, la réunion des mains, s'employait bien avant cela », je le cite. Dans la Rome antique, elle servait d'engagement sur l'honneur et son rôle devait fondamentalement rester le même pendant près de deux mille ans. Elle n'a commencé à servir aux salutations quotidiennes qu'au début du XIXe siècle.

Le fait de se serrer la main est un geste d'ouverture ou d'apaisement. Les protagonistes qui s'approchent ainsi l'un de l'autre se signalent mutuellement qu'ils renoncent symboliquement à un possible affrontement physique. Vous remarquerez que si un conflit s'élève entre deux interlocuteurs, ils se quitteront très souvent sans se serrer la main. La poignée de main en dit long sur le type d'invidvidu auquel vous aurez affaire. J'en ai sélectionné quelques unes parmi toutes celles qui existent : il y a plus de 70 manières de serrer la main d'un inconnu. Peu d'entre elles sont véritablement accueillantes!

GESTE N° 255. Votre interlocuteur vous **serre la main** avec une mollesse affectée alors que vous avez pu constater que tel n'est pas forcément le cas avec d'autres personnes de votre groupe.

Ce qui signifie : Cela signifie que votre présence est superflue à ses yeux.

Superbe poignée de main réductrice entre deux ennemis irréductibles! Mains molle contre main fuyante avec, dans le rôle de la première, Arafat, et Rabin dans le rôle de la seconde (n° 255 & 256). Si l'on s'en réfère à l'interprétation de cette poignée de main, on peut en déduire qu'Arafat se serait bien serré la main gauche, c'est dire que la présence de Rabin était superflue.

GESTE N° 256. Votre interlocuteur **serre la main** de manière fuyante. ☹ ☹ ☹

Ce qui signifie : A peine la lui serrez-vous que la vôtre se retrouve toute seule à saisir le vide. Désagréable, n'est-ce pas! Vous êtes en face d'un hypocrite professionnel qui, à la rigueur, vous gratifiera d'un sourire. Sans commentaires.

GESTE N° 257. Votre interlocuteur vous **serre la main** en vous broyant les phalanges. ☺

Ce qui signifie : Pour lui, communication sociale égale confrontation. En règle générale, il n'est pas trop bavard; il faudra peut-être que vous remplissiez les vides.

GESTE N° 258. Votre interlocuteur tend le bout des doigts en guise de **poignée de main.** ☹ ☹

Ce qui signifie : Il vous signifie ainsi qu'il est prêt à vous quitter séance tenante. Son petit coté réfractaire ne devrait pas vous échapper si vous l'observez attentivement.

Double poignée de main entre deux malins et demi! La poignée du roi d'Espagne est trop politicienne pour être franchement royaliste. L'attitude générale de François Mitterrand est trop impériale pour être franchement présidentielle (n° 260).

GESTE N° 259. Votre interlocuteur vous **serre la main** droite et pose sa main gauche sur votre épaule droite. ☺ ☺

> ***Ce qui signifie*** : Manifestement, il vous apprécie.

GESTE N° 260. Votre interlocuteur vous **serre la main** et l'avant-bras en guise de poignée de main. ☹ ☹ ☹

> ***Ce qui signifie*** : Courage ! Fuyez avant de vous faire berner dans les règles de l'art.

GESTE N° 261. Votre interlocuteur vous tend l'index en guise de **poignée de main** ☹ ☹

> ***Ce qui signifie*** : Il s'apprête symboliquement à vous quitter avant même de vous avoir rencontré. Soit, vous le complexez, soit votre interlocuteur éprouve un sentiment d'infériorité évident.

GESTE N° 262. Il **serre la main** de son interlocuteur dans ses deux mains réunies. ☹ ☹

> ***Ce qui signifie*** : Prenez toujours le contre-pied de ce qu'il vous raconte et abrégez votre entretien. Il est aussi exaspérant qu'une scie égoïne.

Bill Clinton ne ment jamais mais il ne dit pas pour autant la vérité. On devrait lui apprendre à serrer les mains sans se trahir (nº 262)! Mais François Mitterrand n'a pas l'air dupe non plus.

10

LA MORSURE

Le fait de se mordiller les peaux mortes, les ongles ou les poils est un geste banal en soi mais O combien révélateur du climat mental ponctuel de votre interlocuteur. Faites-y très attention dorénavant car ces gestes sont de véritables poteaux indicateurs gestuels!

GESTE N° 263. Votre interlocuteur se **mordille** les peaux aux coins des ongles. ☹ ☹

> ***Ce qui signifie*** : Si vous aimez collaborer avec des faiseurs d'embarras, je m'en voudrais beaucoup de gâter votre plaisir.

GESTE N° 264. Votre interlocuteur **mordille** régulièrement l'un de ses index. ☹

> ***Ce qui signifie*** : Il trouve que vous manquez de « flair » ou que votre projet est un peu trop compliqué pour lui.

GESTE N° 265. Votre interlocuteur se **mordille** l'ongle ou la pulpe de l'annulaire. ☹ ☹

> ***Ce qui signifie*** : Même si la proposition que vous lui faites est une occasion unique, il la ratera rien que pour le plaisir.

GESTE N° 266. Votre interlocuteur se **mordille** l'ongle ou la pulpe du majeur. ☹ ☹

> ***Ce qui signifie*** : Il met en doute l'efficacité de votre projet dans la mesure où il estime que vos arguments ne l'ont pas convaincu.

GESTE N° 267. Il se **mordille** l'intérieur des joues. ☹ ☹

> ***Ce qui signifie*** : Il trouve que vous parlez beaucoup pour ne pas dire grand-chose mais il n'ose pas vous interrompre.

GESTE N° 268. Votre interlocuteur **mordille** l'articulation repliée de son index gauche ou droit. ☹ ☹

> ***Ce qui signifie*** : Il vous croit capable de retourner votre veste si le vent tourne. Son geste vous signale par ailleurs qu'il dispose de la même faculté d'adaptation. « Ne me faites pas ce que je suis parfaitement capable de faire à votre place ! »

GESTE N° 269. Votre interlocuteur se **mordille** l'ongle ou la pulpe de l'auriculaire. ☹ ☹

> ***Ce qui signifie*** : C'est le type même de l'intellectuel blasé pour lequel toute réussite n'est jamais que le début d'un échec. Il vous l'avait bien dit... sauf que son petit doigt semble engourdi et donc indisponible pour l'avertir de la prochaine catastrophe qui lui pend au nez. Et vous comptez sur lui ?

GESTE N° 270. Il se **mordille** la dernière phalange du pouce. ☹ pour lui ! ☺ pour vous !

> ***Ce qui signifie*** : Il est un âge où on ne peut décemment plus sucer son pouce en public. Ce geste enfantin signifie que votre interlocuteur est tout simplement à bout de ressources ou d'arguments.

GESTE N° 271. Il **mordille** le bout de sa langue.

Ce qui signifie : Il trouve que vous allez un peu vite en besogne ou que vous brûlez les étapes.

GESTE N° 272. Il **mordille** sa lèvre supérieure ou sa lèvre inférieure, indifféremment.

Ce qui signifie : Attention! Panique à bord! Votre interlocuteur ne parvient plus à vous suivre. Il est débordé.

GESTE N° 273. Votre interlocuteur fait mine de **mordiller** son poing (gauche ou droit).

Ce qui signifie : Il signifie clairement que votre interlocuteur est en train de décompenser nerveusement (geste relativement rare dans le contexte d'un entretien professionnel).

GESTE N° 274. Votre interlocuteur **mordille** l'articulation repliée de l'un de ses pouces.

Ce qui signifie : Ses mécanismes de compréhension sont en phase d'involution rapide. Proposez-lui une pause et ne reprenez qu'à sa demande!

GESTE N° 275. Votre interlocuteur **se ronge** les peaux mortes autour des ongles et les recrache distraitement.

Ce qui signifie : Il n'y a pas une larme d'esprit dans tout le personnage, pas une note d'humour dans son curriculum vitae. C'est un vieux raseur. Votre discours l'ennuie, bien évidemment!

11

LE REGARD

Et de tous les gestes, le regard est sans équivoque possible le plus éloquent des miroirs de l'âme. Il est impossible de décrire précisément le regard et ses métamorphoses soudaines. Il en émane toujours quelque chose de surnaturel. L'oeil qui reçoit les images émet en permanence un reflet de l'atmosphère réactionnelle qui prévaut dans la conscience individuelle.

Dans la société qui est la nôtre, il n'est pas de bon ton d'observer le regard d'une personne avec acuité. On y trouve pourtant toutes les réponses nécessaires et suffisantes pour cerner le sens des réactions émotionnelles de son interlocuteur.

Regards moqueurs, paniqués, fuyants, faussement indifférents, gênés, satisfaits ou quémandeurs, curieux, tendres, aguicheurs, gourmands, jaloux, concupiscents, atones, vifs ou vides, etc. Ils sont bien trop nombreux pour être classés de la même manière que les gestes qui les accompagnent. De plus, le regard change constamment de contenu à l'insu de la conscience. Il représente à tout moment la synthèse de l'attitude mentale réactionnelle d'un individu face à une situation donnée. Il faut apprendre àobserver le regard de ses interlocuteurs tout en écoutant leurs paroles, pour réaliser la richesse de ses expressions. Le regard fuyant ou détourné est la norme quand il vient à croiser celui d'un ou d'une inconnue. Un regard appuyé est perçu par l'autre comme un viol de son territoire.

« A ce titre, l'une des découvertes de la P.N.L (Programmation Neuro-Linguistique — je cite Danièle Garibal-Benichou [1]), a été

1. *Recruter ou être recruté avec la P.N.L*, aux Editions de l'Organisation.

de mettre en évidence les clefs d'accès oculaire ou les façons dont nous captons ou interprétons nos informations internes ou externes, façons que notre interlocuteur peu percevoir en suivant le mouvement de nos yeux. Les mouvements oculaires nous permettent de situer le processus mental qu'utilise notre interlocuteur... C'est pourquoi les mouvements de yeux précèdent la formulation verbale ». Cette technique est utilisée avec succès dans les entretiens de recrutement.

GESTE N° 276. Votre interlocuteur, assis en face de vous, vous fixe d'un **regard** oblique, la tête légèrement tournée vers la gauche ou la droite, dans une attitude de défiance. ☹ ☹

> ***Ce qui signifie*** : Il a effectivement la désagréable impression que vous essayez de vous jouer de lui et qu'il se fera, dès lors, berner dans l'aventure à laquelle vous lui proposez de participer.

GESTE N° 277. Votre interlocuteur jette ses **regards** sur sa droite pour retrouver ses souvenirs ou rechercher un appui référentiel. ☹ ☹

> ***Ce qui signifie*** : D'une part, votre présence ou vos propos le dérangent, de l'autre votre interlocuteur est déçu par votre intervention avant même que vous n'ayez eu le temps de le convaincre. Son attitude gestuelle répétitive traduit la stérilité de votre démarche dans son esprit.

GESTE N° 278. Votre interlocuteur jette ses **regards** sur sa gauche pour retrouver ses souvenirs ou rechercher un appui référentiel. ☹ ☹ ☹

> ***Ce qui signifie*** : Il navigue à vue dans le brouillard, fera semblant d'avoir oublié ses engagements ou vous marchandera le marché au dernier carat avant d'annuler le contrat. Un homme averti en vaut dix! On peut toujours prendre les paris, si vous êtes joueur!

GESTE N° 279. Lorsqu'il vous adresse la parole, votre interlocuteur ne vous **regarde** jamais dans les yeux.

Ce qui signifie : Il prêchera le faux pour savoir le vrai.

GESTE N° 280. Votre interlocuteur vous lance un **regard** par en-dessous.

Ce qui signifie : A la fois vous l'intriguez, et vous l'impressionnez.

GESTE N° 281. Il fixe son **regard** sur un objet qu'il manipule, tout en vous parlant.

Ce qui signifie : Il ne vous apprécie guère.

GESTE N° 282. Il vous adresse la parole en fixant son **regard** sur votre voisin ou votre voisine.

Ce qui signifie : Son esprit est toujours captivé par deux objets au moins. S'il s'agit d'un interlocuteur que vous connaissez bien et qui agit souvent de la sorte, sachez qu'il ne dit jamais ce qu'il pense et ne pense pas ce qu'il dit.

GESTE N° 283. Il vous adresse la parole en fixant son **regard** sur une partie anatomique de votre corps autre que votre visage.

Ce qui signifie : Style faux prophète aux avis frelatés. Si vous lui faites remarquer l'ineptie de ses prédictions, il objectera mentalement mais conservera un mutisme entêté tout en continuant à fixer la boucle de votre ceinturon. Il aurait peut-être du succès aux Puces de Vanves mais professionnellement, il échouera toujours.

GESTE N° 284. Votre interlocuteur vous **fixe droit dans les yeux** tout en vous parlant. ☺ ☺

> ***Ce qui signifie*** : En interpellant vos émotions, il est beaucoup plus motivé à vous convaincre qu'à faire passer la communication rationnelle.

GESTE N° 285. Tandis qu'il vous parle, son **regard** semble se perdre au-delà de votre tête, comme s'il s'adressait à votre aura ou votre auréole de futur saint. ☹ ☹ ☹

> ***Ce qui signifie*** : De deux choses l'une, ou il vous prend pour un imbécile ou vous l'ennuyez.

12

LE RIRE

Si le rire est, comme on le dit, le propre de l'Homme, il n'est pas toujours aussi naturel qu'on voudrait bien le laisser supposer. Le rire, à l'instar du sourire, est soit un moyen d'apaisement de l'angoisse ressentie face à l'autre, soit une manière de neutraliser l'agressivité d'une relation conflictuelle. Mais il n'est pas que cela. Les manières de rire auxquelles nous nous attachons ici, ne concernent évidemment pas leur ton mais leur forme, dans la mesure où le premier est totalement héréditaire tandis que le second s'adapte souvent au contexte ou à la personnalité de votre interlocuteur.

J'ai privilégié les rires à risques au détriment du bon rire franc et massif de l'individu sincère. Ce dernier se reconnaît généralement sans avoir besoin de consulter un lexique du langage gestuel.

GESTE N° 286. Votre interlocuteur **rit** en dissimulant sa bouche derrière sa main.

Ce qui signifie : Comme tous les indécis, il prendra toujours la plus mauvaise décision au meilleur moment. Ce ne sera jamais ni oui, ni non, ce sera toujours peut-être.

GESTE N° 287. Votre interlocuteur émet un petit **rire** chaque fois qu'il vous adresse la parole.

Ce qui signifie : Si vous l'observez attentivement vous constaterez que la lueur qui brille dans ses pupilles n'est pas àla même température que son sourire chuintant. Diderot aurait dit en son temps : « Il avait tant fait les mines qu'il se croyait la chose. »

GESTE N° 288. Votre interlocuteur se force à **rire** bruyamment.

Ce qui signifie : Un ou une virtuose de la méchanceté gratuite et perverse, déguisé en carpette pour les supérieurs hiérarchiques et prêt à faire pleurer toutes les larmes de leur corps à ses subalternes. Un sadique, quoi!

GESTE N° 289. Le **rire** de votre interlocuteur est contraint.

Ce qui signifie : Il se méfie de tout et de tous. N'essayez jamais de lui soumettre vos idées (géniales par définition), déjà qu'il se méfie de ses propres intuitions, alors celles des autres, vous pensez...

GESTE N° 290. Votre interlocuteur s'exprime souvent par un **rire** poli d'approbation.

Ce qui signifie : Il fait partie du grand club de ceux qui, à force de grimaces, sont devenus des figures.

GESTE N° 291. Votre interlocuteur **rit** sous cape, la main posée en visière au-dessus de la bouche.

Ce qui signifie : Si vous comptez sur lui, attendez-vous àdes déconvenues de taille!

GESTE N° 292. Le **rire** de votre interlocuteur est franchement sarcastique.

Ce qui signifie : Mais bien sûr qu'il se moque de vous, même et surtout, si son rire s'adresse à votre voisin tandis qu'il vous prend à témoin! Ne lui faites jamais confiance, il vit aux dépens de ceux qui l'écoutent.

GESTE N° 293. Votre interlocuteur ne **rit** que de ses propres plaisanteries.

Ce qui signifie : Abonné au magazine « Pas de chance ». L'auto-dérision ou l'humour en circuit fermé proviennent du même tronc que l'on pourrait traduire par la phrase suivante : mieux vaut en rire qu'en pleurer!

13

LE SIFFLOTEMENT

En règle générale, le sifflotement est un signe de timidité et, paradoxalement, un besoin de manifester sa présence quand un individu se sent inexistant aux yeux des autres. L'action de siffler chatouille agréablement les tympans du siffleur qui redoute le vide social. Les siffleurs sont souvent claustrophobes et souffrent généralement de la solitude.

GESTE N° 294. Votre interlocuteur **sifflote** souvent sans raison entre ses dents.

> ***Ce qui signifie*** : Pour placer votre confiance en ce siffleur, il faut que vous soyez bien assuré ou complètement stupide.

GESTE N° 295. Votre interlocuteur **sifflote** toujours le même air.
si vous êtes vendeur! si vous êtes payeur!

> ***Ce qui signifie*** : Curieusement, cette manie est un signe de prodigalité. Votre interlocuteur est incapable de gérer un budget en bon père de famille. Il entretient une relation névrotique avec l'argent.

14

LA STATION DEBOUT

Les bureaux de poste, les comptoirs de café ou les guichets de banque, sont un champ d'observation idéal pour classifier les multiples attitudes gestuelles de ceux auxquels on demande de la patience, encore de la patience, toujours de la patience. Il est difficile d'imaginer à quel point le simple fait de se tenir en équilibre sur ses pieds est un exploit en soi. Avez-vous jamais comparé la surface qui supporte le corps par rapport au volume total de celui-ci?

Il existe nettement moins de manières de se tenir debout que de s'asseoir tant il est vrai que la position assise tend à prendre l'avantage sur la station verticale, d'une part. D'autre part, le registre professionnel favorise la position assise au détriment de l'effort sportif que représente de nos jours la station verticale. C'est la raison pour laquelle ce chapitre qui cerne l'homme debout est nettement moins important dans ce livre que celui qui concerne l'homme assis.

GESTE N° 296. Votre interlocuteur **debout** croise ses mains dans son dos, tout en continuant à vous parler ou à vous écouter.

> ***Ce qui signifie*** : Il serait résolu à faire échouer toute entreprise qui aurait la moindre chance de réussite mais qu'il n'aurait pas concocté lui-même que je n'en serais pas autrement surpris. Ne vous laissez pas abuser par son aspect très volontaire, trop directif pour être honnête.

Le drame des stars télévisuelles, c'est que leur thymus recommence à produire des hormones dès que l'Audimat les plébiscite. Elles se remettent à grandir... Mais Claire Chazal n'est pas du genre à avoir la folie des grandeurs n° 298).

GESTE N° 297. Votre interlocuteur est **debout** en face de vous; il inverse la position de ses jambes tout en les croisant, pieds à plat sur le sol. Il s'appuie contre une mur ou un parapet pour conserver son équilibre.

Ce qui signifie : Votre interlocuteur est un grand timide. Son pire ennemi est probablement le combiné du téléphone qui trône sur son bureau. La preuve : il est raccordé au réseau contre son gré. C'est souvent un gentil qui fonctionne au ralenti, un poids plume dont personne ne s'inquiète.

GESTE N° 298. Votre interlocuteur **debout** pose ses deux mains en appui sur ses hanches. ☹ ou ☺ suivant les risques!

Ce *qui signifie* : La folie des grandeurs qui anime votre interlocuteur serait propre à donner le vertige au plus mégalo de vos collègues. Insatisfait perpétuel, il s'engage dans toutes les entreprises, hasardeuses par définition. Si la vôtre l'est suffisamment à ses yeux, bon vent camarade!

GESTE N° 299. Votre interlocuteur **debout** croise ses mains sur son ventre, paumes cachées. ☹ ☹

Ce *qui signifie* : Il est déjà « périmé » avant que vous ne songiez à vous en servir pour appuyer vos idées. En un mot comme en cent, vous ne pouviez tomber plus mal. Pas de chance!

GESTE N° 300. Votre interlocuteur **debout** pose une main sur la hanche correspondante. ☺ ou ☹ suivant le but poursuivi!

Ce *qui signifie* : Votre interlocuteur est prétentieux comme un picador, suffisant, égocentrique, « m'as-tu-vu », mais quel as du faire-savoir! Si vous avez un secret de polichinelle à ébruiter, vous pouvez compter sur lui!

GESTE N° 301. Votre interlocuteur **debout** pose ses poignets dans le creux de ses reins, mains ouvertes vers l'arrière. ☹ ☹

Ce *qui signifie* : Attitude rarissime mais tellement excitante pour le collectionneur de gestes. Elle est le propre d'un sujet passionné par un sujet passionnant : « lui-même » en personne. Il trouvera toujours que ce que vous avez à lui offrir est nettement insuffisant.

Encore un amateur de gestes malheureux au sens le moins noble du terme! Silvio Berlusconi devrait suivre quelques cours de langage gestuel s'il souhaite devenir crédible sans l'appui massif de son empire télévisuel (n° 299).

GESTE N° 302. Votre interlocuteur est **debout** tandis que son talon gauche écrase les orteils de son pied droit.

Ce qui signifie : Si vous entamez une discussion avec ce genre d'individu, vous êtes bon pour la voie de garage. Imaginez qu'il est le talon et que vous êtes les orteils!

Qui l'aurait cru? Un jeune homme si sympathique!

Il doit s'agir d'une attitude imposée à Bruno Masure par sa hiérarchie! (nº 305)

GESTE Nº 303. Il est **debout** et appuie son bras sur un support tandis que l'une de ses jambes croise le muscle jambier de l'autre, le pied de la jambe croisée est posé sur la pointe. ☹ ☹

Ce qui signifie : Ceci est une attitude de refus larvé ou de rejet non déclaré d'un situation contraignante. Elle est fréquente chez des individus qui passent leur temps à dissocier l'être du paraître ou à fausser les règles du jeu. C'est-à-dire, beaucoup de monde!

GESTE N° 304. Votre interlocuteur est **debout**. Les pieds forment un angle droit sur le sol, le talon de l'un tourné vers la voûte plantaire de l'autre.

> ***Ce qui signifie*** : Vous êtes en présence d'un individu àl'intelligence bordée par deux rangées de préjugés alignés comme à la parade. Cette attitude s'accompagne souvent d'un air enfariné à rendre jaloux votre boulanger. Vous êtes mal parti si vous devez le convaincre.

GESTE N° 305. Votre interlocuteur est **debout**. Il croise ses doigts contre son ventre, paumes orientées comme s'il allait vous faire la courte échelle.

> ***Ce qui signifie*** : Si vous aimez les « casse-pieds » qui font dans le cynisme morbide, bon amusement! A chacun sa tasse de thé!

15

LA VOIX

La tessiture d'une voix est d'origine héréditaire même s'il est toujours possible de l'embellir en la posant ou en l'exerçant par le chant ou le respiration. Nous faisons beaucoup de bruits incongrus avec nos cordes vocales. Certains sont complètement atypiques et il serait audacieux de tenter d'en interpréter le sens. Il existe cependant certains tics que l'on retrouve souvent sur son chemin. C'est le cas des deux exemples que j'ai sélectionnés dans ce chapitre.

GESTE N° 306. Votre interlocuteur s'éclaircit la **voix** bruyamment ou non avec une constance touchante et sa main couvrant sa bouche.

> ***Ce qui signifie*** : Ce type de tic pourrait laisser supposer que votre interlocuteur craint de se tromper sur votre compte ou sur la valeur de vos idées. En règle générale, l'anxiété qu'il ressent, chaque fois qu'il doit faire un choix, provoque chez lui une réaction plus impulsive que réfléchie, comme s'il lui fallait agir dans un sens ou dans l'autre pour se libérer de l'oppression qui pèse sur son larynx.

GESTE N° 307. « Too...too...too...too... » psalmodie votre interlocuteur en réfléchissant.

> ***Ce qui signifie*** : Il ne connaît pas la solution du problème que vous lui posez mais il ne vous l'avouera jamais. Il préfèrera faire semblant de savoir, quitte à vous embarquer sur une voie sans issue.

DEUXIÈME PARTIE

LES OBJETS CORPORALISÉS

16

LA BAGUE

La bague est un ornement, au même titre que les boucles d'oreilles et autres bijoux qui rejoignent ou s'intègrent à l'apparence corporelle. Ce qui importe ici, ce ne sont pas les formes des différentes bagues portées par les individus mais les doigts sur lesquels elles sont enfilées. Pour comprendre la signification du message que l'inconscient tente de transmettre à l'environnement socio-affectif, il suffit de repérer les doigts bagués de votre interlocuteur/trice.

Mais qu'en est-il quand une femme arbore quatre bagues à chacun des quatre doigts d'une main, pouce non compris? Du point de vue sentimental, il s'agit de quelqu'un qui s'attache trop vite à ses nouveaux coups de coeur. A cela deux raisons : elle a besoin de posséder l'amour de l'autre avant qu'elle ne puisse se livrer et craint toujours l'échec de la relation amoureuse dans laquelle elle s'engage.

LES SENS FONDAMENTAUX

MAIN DROITE

AURICULAIRE
Signe de volonté et de recherche d'achèvement.

ANNULAIRE
Le sujet observé se fie plus souvent à ses facultés d'analyse qu'à ses intuitions. (Attention, dans certaines religions il est d'usage de mettre l'alliance à ce doigt, auquel cas reportez-vous au commentaire relatif à l'annulaire gauche).

MAJEUR
Le scepticisme fait partie de ses mécanismes de défense privilégiés.

INDEX
Le sujet observé est égoïste, voire égocentrique mais aussi en recherche de pouvoir sur son entourage.

POUCE
Le sujet observé surinvestit sa libido. Sur le plan sexuel, surtout.

MAIN GAUCHE

AURICULAIRE
Le sujet observé est très attaché aux valeurs du passé, au souvenirs ou à son enfance.

ANNULAIRE
Il s'agit d'un individu optimiste qui sait s'investir sans compter quand il adhère à un projet ou quand il aime.

MAJEUR
Le sujet observé est constamment en recherche de nouveaux amis ou d'un environnement socio-affectif gratifiant.

INDEX
Votre interlocuteur/trice est assez opportuniste, voire carriériste. Vous ne l'intéresserez que si vous êtes en mesure de lui être utile.

POUCE
L'ambition de votre sujet est un peu puérile mais très affichée dans son discours ou dans son langage gestuel.

GESTE N° 308. Votre interlocuteur fait tourner sa **bague** ou son alliance autour de son doigt avec l'autre main.

> ***Ce qui signifie*** : Il s'agit d'un signe de démotivation qui pourrait bien vous être adressé en exclusivité.

GESTE N° 309. Votre interlocuteur passe son temps à retirer sa **bague** pour la passer d'un doigt à l'autre.

Ce qui signifie : C'est le genre de personne qui n'aime pas remettre en question les certitudes auxquelles elle se raccroche. Elle a besoin de ses points de repère pour survivre, c'est sans doute la raison pour laquelle elle s'amuse à essayer sa bague à tous ses doigts.

17

LE BRIQUET

Pour le fumeur, le briquet fait partie de la panoplie des outils nécessaires, utiles et indispensables. Il est une prolongation naturelle de sa main motrice. La relation entre le fumeur et son briquet est, en général, révélatrice de son climat mental. Les gestes décrits ci-dessous s'attachent surtout à la manipulation des briquets jetables.

GESTE N° 310. Votre interlocuteur allume son **briquet** avec son majeur (gauche ou droit).

> ***Ce qui signifie*** : Il vous paraîtra bien terne et bien peu important et pourtant, il est de ces personnages que personne ne remarque mais qui connaît tout le monde mieux que personne. Il peut s'avérer précieux comme allié.

GESTE N° 311. Votre interlocuteur rassemble ses deux mains pour allumer sa cigarette tandis que vous tenez le **briquet**.

> ***Ce qui signifie*** : Semeur de zizanie et intrus professionnel!

GESTE N° 312. Votre interlocuteur allume son **briquet** avec le pouce (gauche ou droit), en règle générale.

> ***Ce qui signifie*** : Franc, sincère et convivial, en principe!

GESTE N° 313. Votre interlocuteur manipule sans cesse son **briquet** pendant toute la durée de l'entretien. ☹ ☹

> ***Ce qui signifie*** : Anarchiste, persécuteur et vaniteux, compliqué et importun. Bref, le meilleur ami de votre pire ennemi.

GESTE N° 314. Il allume son **briquet** avec l'un de ses index. ☹ ou ☺ !

> ***Ce qui signifie*** : Séducteur mais d'humeur changeante, donc difficile à cerner !

GESTE N° 315. Votre interlocuteur allume son **briquet** en protégeant machinalement la flamme de sa main libre dans un endroit clos. ☹ ☹

> ***Ce qui signifie*** : Défaitiste, récalcitrant et têtu comme une bourrique.

18

LA CIGARETTE

LE ONZIÈME DOIGT DU FUMEUR !

La cigarette tient une place prépondérante dans le langage gestuel. Certains individus ne se sentent pas vraiment à l'aise si leurs doigts ne sont pas occupés par une cigarette en train de se consumer. A la limite, il n'auraient pas besoin de l'allumer, épargnant ainsi une surcharge de nicotine à leur organisme.

La relation gestuelle entre le fumeur et sa cigarette mériterait plus de pages que celles qui y sont consacrées dans cet ouvrage. Il existe, en effet, des centaines de gestes significatifs dont la cigarette est l'actrice principale. Il ne faut pas oublier que la relation fumeur-cigarette est une histoire de haine-amour avant de correspondre à un besoin. La cigarette est le prolongement des dix doigts du fumeur. Un onzième doigt qui s'en va en fumée, meurt et renaît à chaque instant de l'existence. Relation tactile, olfactive et gustative qui s'intègre totalement à la personnalité comportementale du fumeur.

GESTE N° 316. La **cigarette** de votre interlocuteur est coincée entre son annulaire et son auriculaire.

> ***Ce qui signifie*** : Il ne se sent pas concerné par vos propos. Votre interlocuteur pense qu'il s'est dérangé inutilement.

GESTE N° 317. La **cigarette** de votre interlocuteur se situe entre son index et son majeur, coincée entre les phalanges à l'angle que forment ses deux doigts.

Ce qui signifie : Un individu dont la haute moralité ne peut être mise en doute mais qu'il mettra entre parenthèses quand ça l'arrange. Je vous livre mon sentiment sans engagement dans la mesure où il est fondé sur des observations déjà anciennes.

GESTE N° 318. La **cigarette** de votre vis-à-vis est coincée entre son majeur et son annulaire.

Ce qui signifie : Un figurant qui se juge indispensable mais qui n'excelle vraiment que dans l'extrémisme grégaire.

GESTE N° 319. Votre interlocuteur tient sa **cigarette** entre le pouce et l'index, bout incandescent pointé vers le sol.

Ce qui signifie : Il est parfois tellement dissimulé qu'on se demande comment il est encore possible de le voir. Personnalité figée dans l'ombre d'un complexe d'infériorité indélébile.

GESTE N° 320. Il recrache souvent la fumée de sa **cigarette** par les narines.

Ce qui signifie : L'exaspération est à la fois son credo et le carburant de ses actions.

GESTE N° 321. Votre interlocuteur écrase le mégot de sa **cigarette** en soulevant le cendrier de l'autre main. ou A vous de voir!

Ce qui signifie : Votre interlocuteur est vite essoufflé dès qu'il s'investit dans une entreprise qui dépasse généralement son niveau de compétences. D'où peut-être le besoin d'amener la cible au projectile et non le contraire. A chacun sa logique!

GESTE N° 322. La **cigarette** de votre interlocuteur est coincée entre le pouce et l'index, le majeur et, éventuellement l'annulaire, côte à côte sur le dessus du cône. Un peu comme s'il tenait une flûte à bec minuscule entre les doigts. ☺ ☺

> ***Ce qui signifie*** : Il ne vous dira jamais la vérité mais il évitera de vous mentir. On se demande par où il passe? A part cela, c'est un fer de lance qui sait s'investir à fond quand le jeu en vaut la chandelle.

GESTE N° 323. Votre interlocuteur pointe sa **cigarette** vers vous en vous adressant la parole. ☹

> ***Ce qui signifie*** : Il y en a qui vivent leurs rêves, lui il rêve sa vie et fuit la dure réalité dès qu'elle le frôle d'un peu trop près.

GESTE N° 324. Votre interlocuteur visse sa **cigarette** au coin des lèvres et ne secoue presque jamais la cendre dans le cendrier. ☹

> ***Ce qui signifie*** : Un mercenaire de salon qui adore se faire prier avant de donner son opinion de sage reconverti dans les proverbes chinois. Aussi efficace qu'un lampadaire!

GESTE N° 325. Votre interlocuteur écrase le bout filtre de sa **cigarette** entre ses dents. ☺ ☺

> ***Ce qui signifie*** : Sous pression mais ingénieux et pratique sous toutes ses coutures.

GESTE N° 326. Il tient sa **cigarette** entre le pouce et le majeur tout en tapotant nerveusement le cône de l'index. ☹ ☹

> ***Ce qui signifie*** : Persécuté, incompris ou crucifié! Vous n'avez que l'embarras du choix.

GESTE N° 327. Votre interlocuteur écrase son **mégot** avec acharnement dans le cendrier.

> ***Ce qui signifie*** : Beaucoup de bruit pour pas grand-chose! Il est cher à l'entretien.

GESTE N° 328. La **cigarette** est tenue entre le pouce et l'index, mais le bout incandescent est pointé vers le corps du fumeur ou la cigarette est cachée par la main.

> ***Ce qui signifie*** : C'est ce qu'on nomme un saboteur! Si vous avez la fibre suicidaire, vous vous entendrez comme deux cailloux dans le caniveau.

GESTE N° 329. Votre interlocuteur tète le mégot de sa **cigarette** jusqu'à l'extrême limite.

> ***Ce qui signifie*** : Petite pointure du point de vue intellectuel, il a tellement besoin qu'on l'aime qu'il vous aidera même si vous déclinez son offre.

GESTE N° 330. Le fumeur tient sa **cigarette** entre le l'index et le majeur tandis que son pouce s'appuie sur ses lèvres ou s'insère entre les lèvres.

> ***Ce qui signifie*** : Il a l'air naïf comme ça. Ce n'est que l'air, pas la chanson. C'est un malin qui vous fera prendre des vessies pour des lanternes et que vous ne pourrez jamais prendre en flagrant délit de ruse. Il a l'air tellement sincère à première vue. Il l'est! Mais à première vue uniquement. C'est un allié précieux, si vous arrivez à vous entendre.

GESTE N° 331. Le fumeur tient sa **cigarette** entre le pouce et l'index, bout incandescent pointé vers le ciel ou le plafond.

> ***Ce qui signifie*** : Qu'il est aussi clairvoyant qu'un marabout parisien sans domicile fixe.

GESTE N° 332. Il allume ses **cigarettes** et les oublie systématiquement dans le cendrier. ☹

Ce *qui signifie* : On dit communément que quand on n'a pas de tête, il faut avoir de bonnes jambes. En tant que défaitiste qui devient récalcitrant dès qu'il doit réfléchir, c'est pratiquement tout ce qui lui reste : des jambes! Malgré son organisation mentale chaotique, il s'entête toujours en dépit du bon sens, on imagine aisément dans quelle genre de situation il est capable de se fourvoyer. Si les crétins étaient fossilisables...

GESTE N° 333. Votre interlocuteur secoue plus la cendre de sa **cigarette** dans le cendrier qu'il ne songe à fumer. ☺ ou ☹ !

Ce *qui signifie* : Il ne fait pas le poids mais je suppose que vous l'aviez déjà compris sans avoir recours à la traduction de sa relation gestuelle avec sa cigarette. Il vit pour parler et parle pour jouir de s'entendre parler. Ecoutez-le et il vous « mangera dans la main! ».

19

LES LUNETTES

Les yeux en second!
Elles ont cessé de servir essentiellement à corriger les défaillances oculaires. Aujourd'hui, elles « relookent » l'image sociale de celui qui les porte! L'individu entretient avec ses lunettes une relation objectale au même titre que celle qui lie le fumeur à sa cigarette. Elle ne lui servent pas seulement d'yeux en second mais lui procurent aussi un moyen de se protéger contre l'indiscrétion des autres. Compagne gestuelle des situations sociales équivoques ou critiques, elles font également partie du langage des gestes auxquels elles sont associées comme nous le verrons dans ce bref chapitre qui leur est exclusivement réservé.

GESTE N° 334. Votre interlocuteur nettoie fréquemment les verres de ses **lunettes**, tout en vous prêtant une oreille attentive. ☹ ☹

> ***Ce qui signifie*** : Il est en train de vous mitonner une série de crocs en jambes dont vous risquez de ne pas vous relever.

GESTE N° 335. Votre interlocuteur mordille presque tout le temps les branches de ses **lunettes**. ☹ ou ☺

> ***Ce qui signifie*** : Vous êtes en présence d'un amateur d'insolite. Il se passionne pour les nirvanas sans danger, les dangers théoriques et les théories ésotériques. Entourez-vous d'un halo de mystère et vous aurez un adepte fervent.

Sans être un ésotériste distingué Bernard Pivot n'en est pas moins un spécialiste de la littérature culturellement lévitante (n° 335).

GESTE N° 336. Il pose délibérément ses **lunettes** sur le bout de son nez, en vous regardant par-dessus les montures.

Ce qui signifie : Cible privilégiée des critiques de son entourage (des jaloux, bien sûr!) c'est un être tortueux, tourmenté, méprisant quand il parvient à tenir le premier rôle, méprisable quand on essaye de le lui disputer. Il classe tout en deux catégories bien distinctes, ce qui est forcément bon pour sa carrière et ce qui est évidemment mauvais pour la vôtre. Enfin, il vit dans le doute permanent et soutient tous les pouvoirs politiques en place, quelles que soient leurs couleurs pour peu que ses supérieurs hiérarchiques y adhèrent. Il correspond parfaitement, comme vous l'avez certainement subodoré, au profil du carriériste moyen.

Le portrait évoqué dans l'interprétation de cette attitude « optique » correspondt-il au profil de base de Charles Pasqua? Tout le monde peut se tromper, n'est-ce pas? (n° 336)

GESTE N° 337. Votre interlocuteur encadre la monture de ses **lunettes** du pouce et de l'index droits. ☹ ☹

> ***Ce qui signifie* :** C'est le geste typique de l'interlocuteur inintéressant, peu intéressé par vos idées ou vos propositions et pénible à supporter plus de dix minutes d'affilée sans bouffée d'oxygène.

GESTE N° 338. Il conserve ses **lunettes** refermées dans sa main droite pendant toute la durée de l'entretien. ☹

> ***Ce qui signifie* :** Il est tout simplement frustré de quelque chose que vous possédez et qui lui fait cruellement défaut.

GESTE N° 339. Il remonte machinalement la monture de ses **lunettes** de l'index droit. ☹

> ***Ce qui signifie* :** Vous aurez beau être aussi explicite qu'un spot publicitaire pour une lessive en poudre, il se demandera toujours où vous voulez en venir. C'est son côté obsessionnel, sans aucun doute!

GESTE N° 340. Votre interlocuteur conserve ses **lunettes** refermées dans sa main gauche pendant toute la durée de votre entretien. ☹ ☹

> ***Ce qui signifie* :** Si vous espérez l'influencer, vous vous faites des illusions. Son menu est à prix fixes et son quotient intellectuel est soutenu par les mêmes poncifs depuis qu'il a trois poils au menton.

20

LES POCHES

A quoi servent les poches? A cacher les mains trop timides? « Ne mettez jamais vos mains dans vos poches » conseille Peter Urs Bender dans son ouvrage consacré, notamment, aux pouvoirs secrets du langage gestuel. Il affirme que le fait de glisser ses mains dans ses poches traduit un manque de confiance en soi.

Je m'inscris en faux contre ses affirmations qui fleurent bon le puritanisme d'Outre-Atlantique. Les poches sont un facteur d'équilibre affectif important pour l'homme debout. Elles renforcent également son assise au sol dans certaines circonstances où interviendrait une atmosphère d'agressivité sociale. Le fait de cacher ses mains dans ses poches en public abaisse notoirement le taux d'agressivité du sujet observé et peut, par voie de conséquence, lui éviter d'exciter l'agressivité d'autrui. Ce type d'attitude est perçu inconsciemment par les autres comme un geste social d'apaisement. Faites-en l'expérience!

21

LE SIEGE

Chaise, fauteuil, sofa, divan, tabouret, escabeau, etc. Les formes de sièges sont innombrables. Les manières de s'asseoir aussi! Notre civilisation est bien plus celle de l'homme assis que de l'homme debout. Le siège le plus révélateur est celui qui est muni d'accoudoirs car il permet d'associer la position assise à l'attitude des coudes en appui. Ces deux chapitres sont par ailleurs les plus riches de cet ouvrage. J'ai repris, dans ce chapitre, quelques attitudes atypiques dans la relation entre l'homme et son siège. Il existe, bien entendu, des dizaines de manières fantaisistes de s'asseoir sur le sol, sur un siège ou dans un fauteuil.

GESTE N° 341. Votre interlocuteur s'assoit à califourchon sur sa **chaise**, bras en appui sur le dossier. ☹

> ***Ce qui signifie*** : Day-dreamer! Un rêveur de jour, littéralement. Il oubliera très vite les promesses qu'il vous aura faites dans un bel élan d'enthousiasme.

GESTE N° 342. Votre interlocuteur est vautré en travers des accoudoirs de son fauteuil. ☺ ou ☹

> ***Ce qui signifie*** : C'est un acharné de la conquête facile et du travail vite fait, mal fait. Il n'est pas bien méchant.

GESTE N° 343. Votre interlocuteur s'assied sur le sofa ou dans le fauteuil en ramenant ses deux pieds sont ses fesses.

Ce qui signifie : De l'être ou du néant, lequel est votre interlocuteur? Je n'aurais pas le coeur de vous laisser en tête à queue avec cette grave question existentielle. Cette posture reprise dans un cadre purement professionnel indiquerait que vous faites face au néant. J'espère que vous n'avez pas le vertige.

GESTE N° 344. Votre interlocuteur est assis sur son siège (et non sur le sol) en tailleur.

Ce qui signifie : De plus en plus délirants mais ce sont des « pro » qui existent ailleurs que dans les bandes dessinées de Lauzier! J'en ai rencontré une belle brochette dans les secteurs d'activité à couleur psycho-socio-ethno-philosophique. Ils savent en général mettre du beurre dans leurs épinards sans se trop se préoccuper de la faim dans le monde. Hyperstressés, parodiques jusqu'à la caricature, ce sont des petits professeurs dont les leçons sont loin d'être gratuites. Méfiez-vous des pseudo-yogis, ils n'adoptent que la posture, jamais l'esprit!

TROISIÈME PARTIE

DE LA TÊTE AU MENTON

22

LA TETE ET LE CRANE

La tête n'est pas le visage. Dans l'optique de ce chapitre particulier, elle correspond à l'ensemble front-cheveux-occiput. Symboliquement et pratiquement, elle est supposée renfermer le cerveau dont l'homme est si fier. Les mouvements de tête d'un individu sont hautement révélateurs dans la mesure où il se répètent de la même manière d'un bout à l'autre de la vie. Ils font partie de la personnalité gestuelle indélébile.

GESTE N° 345. Il opine souvent de la **tête**, comme pour approuver vos propos. ☹ ☹

> ***Ce qui signifie*** : Il est averti de tous les maléfices qui pèsent sur votre pauvre tête, minent votre projet ou planent sur votre avenir. C'est ce que j'appellerais un paraprofessionnel. Un de ceux qui marchent à côté de leurs souliers.

GESTE N° 346. Il tourne la **tête** lentement de gauche à droite en signe de dénégation sans pour autant s'opposer verbalement à vos arguments. ☹ ☹

> ***Ce qui signifie*** : Il vous signifie ainsi que vous perdez votre temps. D'ailleurs, il est prêt à vous quitter séance tenante. Son petit coté réfractaire ne devrait pas vous échapper si vous l'observez attentivement.

GESTE N° 347. Votre interlocuteur penche généralement la **tête** à droite en écoutant vos propos. ☺ ☺

Ce qui signifie : Vous avez frappé à la bonne porte. Votre projet l'intéresse. Son hémisphère droit, celui de l'imaginaire, s'alourdit.

GESTE N° 348. Votre interlocuteur penche la **tête** à gauche en vous écoutant. ☺ ☺

Ce qui signifie : A l'instar du précédent, vous pouvez lui faire confiance. Il vous donnera son appui dans la mesure de ses moyens ou de l'étendue de ses pouvoirs.

GESTE N° 349. Votre interlocuteur se masse constamment le crâne ou le cuir chevelu. ☹ ☹

Ce qui signifie : Il fonctionne sur le mode « Dieu pour tous et chacun pour soi ». Votre interlocuteur est un mauvais perdant qui entretient son angoisse de l'échec avec des refrains inamovibles du style : « C'est bon pour les autres, pas pour moi ! » Allez donc essayer de le convaincre du contraire ! Il est vicieux, tracassier, victime du devoir, toujours à la traîne à force de cultiver son vague à l'âme. Pas aimable pour deux sous. Bref, ni pour vous, ni pour moi !

GESTE N° 350. Votre interlocuteur se passe la main sur le crâne comme s'il lissait ses cheveux défunts. ☹ ou ☺ !?

Ce qui signifie : Il vit dans l'heure et tire ses décisions à la courte paille. C'est une espèce de jack-pot professionnel ! Si vous êtes joueur, vous pouvez toujours miser sur vos chances de l'emporter.

23

LES CHEVEUX...

Les cheveux font partie de l'arsenal de séduction du visage. La relation entre l'individu et sa chevelure est à la fois narcissique et sensuelle. Plus un individu accorde une importance gestuelle prépondérante à ses cheveux, plus il appartient à la catégorie des personnes dont la sensibilité, centrée sur le moi, est à fleur de peau, et en un mot comme en cent, plus votre interlocuteur est narcissique. Voyez aussi le chapitre consacré aux **coudes en appui**!

GESTE N° 351. Votre interlocuteur rejette sa tête en arrière compulsivement pour replacer une mèche de cheveux.

> ***Ce qui signifie*** : Selon mes observations, votre interlocuteur serait agaçant sans avoir besoin de faire un effort particulier et enfermé dans des conduites aussi standardisées que la conduite automobile sous la surveillance de Bison futé.

GESTE N° 352. Votre interlocuteur souffle régulièrement sur la mèche de cheveux qui lui tombe sur le visage.

> ***Ce qui signifie*** : Du moteur à explosion jusqu'aux outrances verbales, votre interlocuteur vous ravira vos rêves avant de les naturaliser en mirages ou en vrai. Epuisant, d'un strict point de vue énergétique mais très grand seigneur à l'enthousiasme contagieux. Attention aux désillusions!

ET LES OREILLES !

Elles encadrent le visage avec plus ou moins de bonheur mais ne font pas partie des traits qui entérinent la beauté. Souvent cachées par les cheveux quand leur forme dérange ou retient le vent, elles font néanmoins partie du langage gestuel sans pour autant obtenir le premier rôle dans le registre qui nous occupe. Il en va différemment du rôle de l'oreille dans le registre de la séduction.

Cependant, l'oreille en tant qu'appareil auditif joue un rôle essentiel dans les attitudes du corps. Cela pourrait vous paraître tiré par les... oreilles et pourtant celui qui en fait la démonstration n'est pas le premier venu. Il s'agit d'Alfred Tomatis. Il y fait référence dans son ouvrage intitulé « Nous sommes tous nés polyglottes », je le cite : « ... Que l'écoute dépende d'une posture du corps semble, pour la majorité de nos contemporains, quelque chose de tout à fait incompréhensible. On oublie que l'oreille ne se contente pas de décrypter les sons comme le ferait la tête de lecture d'un magnétophone. Elle dispose également d'un appareil, le vestibule, qui induit le sujet à mettre son corps dans une position déterminée pour pouvoir répondre. Le vestibule est le siège de l'équilibre mais, de lui, dépendent également le tonus musculaire, l'établissement de leur valeur relative et surtout la conscience de l'image du corps. Un temps de latence long (il s'agit du temps nécessaire à l'oreille pour se mettre à l'écoute) comme c'est le cas chez les slaves, renforce la conscience de l'image du corps. Dans certaines conditions, ces individus sont plutôt « physiques », bien campés sur leur jambes, en harmonie avec leur corps. Ils disposent d'une grande habileté dans les gestes et dégagent une impression de vivre pleinement les situations auxquelles ils doivent faire face[1]. »

Et plus loin, il ajoute cette remarque : « ... Rappelons que chaque ethnie a la posture de son langage, conséquence de sa manière d'entendre. » Les gestes impliquant les oreilles se retrouvent dans divers chapitres de mon ouvrage.

---

1. Ce qui pourrait par ailleurs expliquer l'aspect passionnel que les Slaves intègrent souvent dans leurs comportements.

24

LES TEMPES

En elles-mêmes, les tempes n'auraient pas une telle importance si elles n'étaient associées à un geste qui débouche parfois sur l'un des phénomènes de non communication les plus typiques de notre société hypermédiatisée et totalement verbalisée.

GESTE N° 353. Votre interlocuteur se masse les **tempes** aussi régulièrement qu'ostensiblement.

> *Ce qui signifie* : Vous lui demanderez bien entendu la raison de son geste ou vous compatirez à ses migraines. S'il vous regarde comme si vous étiez un envahisseur et nie tout problème de quel qu'ordre que ce soit, vous avez affaire à un individu victime d'une double contrainte, c'est-à-dire, une sorte d'enfermement psychologique entre deux choix dont aucun n'apporte une solution libératoire mais tous deux aboutissent à une situation de conflit insoluble.

25

LE VISAGE ET LE FRONT

Star entre les stars, le visage est la carte de visite que l'on remarque en premier chez un individu. Hélas, sa mimique n'est pas statique et les expressions qu'il offre ne l'avantagent pas toujours. Beau en photo, atroce in vivo et vice-versa!

Le visage est l'allié naturel des mains et on le retrouvera, notamment, dans diverses combinaisons gestuelles des **coudes en appui**, dans la première partie de cet ouvrage.

Passons au fronton du visage! Siège supposé de l'intelligence, du troisième oeil et des migraines, le front est surtout très utile à la main de celui qui réfléchit, comme vous pourrez également vous en rendre compte dans le chapitre consacré aux **coudes en appui**.

GESTE N° 354. Votre interlocuteur plisse la peau de son **front** vers la racine de ses cheveux. ☹ ☹

> ***Ce qui signifie*** : Vous ne parviendrez jamais à le prendre en faute. Il a bien trop peur de prêter le flanc à la critique. La nouveauté lui donne de l'urticaire et les tourments pataphysiques ne risquent pas de le séduire.

GESTE N° 355. Votre interlocuteur plisse la peau de son **front** entre les sourcils. ☹ ou ☺

> ***Ce qui signifie*** : Il est sans surprise, s'excuse toujours avant de vous marcher sur les pieds et ne reste jamais longtemps nulle part. Profitez-en avant qu'il ne s'évapore!

26

LES SOURCILS, LES PAUPIERES ET LES YEUX

Si le front était une pensée, les sourcils en seraient les parenthèses mobiles. Quant aux paupières, on se les frotte beaucoup mais ce que personne ou presque ne sait, je m'en vais vous l'apprendre. Les paupières sont les sièges symboliques des identifications parentales. Papa est à droite et maman, à gauche (pour les gauchers, on inverse!). Si vous voulez contrôler l'état de vos relations avec vos images parentales, à savoir, en êtes-vous affranchi ou non, il suffit de révulser les yeux le plus haut possible sous les paupières devant témoin. Ensuite, relâchez doucement la tension. Si ces dernières demeurent closes, vous êtes reçu à l'âge adulte; si l'une d'entre elles se décolle : vous avez incorporé l'image paternelle à droite ou l'image maternelle à gauche, ce qui signifie que vous avez avec l'un de vos parents une relation conflictuelle qui vous empêche d'atteindre la maturité affective pleine et entière. Si vos deux paupières se décollent, vous n'avez pas encore goûté aux charmes de l'âge adulte et ce, quel que soit votre âge. A quoi servent ces constatations curieuses? Elémentaire, mon cher lecteur! Il existe un lien étroit entre la qualité du sommeil et l'affranchissement d'un individu par rapport à ses images parentales. Si vous avez tendance à mal dormir, voyez du côté de vos images paupières!

Quant aux yeux, ils sont pris ici dans leur sens anatomique. Représentants de nos émotions et de notre âme, les yeux peuvent beaucoup pour ceux (et surtout celles) qui savent comment se servir de leur regard. Cependant, dans la gestuelle professionnelle, ils interviennent fort peu. Nous aurons peut-être l'occasion de cerner leurs véritables manifestations dans les séquences du registre de la séduction, lors d'un prochain ouvrage.

GESTE N° 356. Votre interlocuteur hausse souvent les **sourcils.** ☹ ☹

Ce qui signifie : Ne comptez pas sur lui ! C'est un inconstant.

GESTE N° 357. Votre interlocuteur fronce assez couramment les **sourcils** en les rapprochant vers la racine du nez.
☹ ou ☺ suivant l'usage que vous en faites !

Ce qui signifie : Et bien tout d'abord, il fait dans le genre subversif, toujours en retard d'une vengeance. Il se dispute avec tout le monde car il a un besoin viscéral d'être traîné dans la boue par son entourage professionnel, ses amis et ses proches. Sinon, sa vie se déroulerait comme un long fleuve aussi ennuyeux que tranquille. Il lui faut un supérieur qui l'admoneste trois fois par jour au moins pour qu'il se sente apprécié jusqu'aux os. Qui affirmait encore que les coups sont des marques d'affection perverses ?

GESTE N° 358. Votre interlocuteur plisse fréquemment les **paupières** en fermant les yeux. ☹ ☹ ☹

Ce qui signifie : Attendez-vous à un refus catégorique et dites-vous que vous l'avez échappé belle, si ça peut vous consoler. Dans certains cas de figure, la méchanceté peut atteindre, voire dépasser, les sommets de l'expérience mystique !

GESTE N° 359. Votre interlocuteur cligne lentement des **paupières** comme pour vous approuver. ☺ ☺

Ce qui signifie : Donnez-lui le temps d'une confortable réflexion et il vous apportera son concours !

GESTE N° 360. Votre interlocuteur se frotte souvent les **paupières.** ☹ ☹

Ce qui signifie : Ce n'est pas qu'il est mal réveillé mais plutôt qu'il a mal dormi. Il casse tout ce qu'il touche, ne le laissez pas jouer avec votre projet! De plus, il est susceptible comme un « homme-tronc » du petit écran mais pas il n'en a pas l'étoffe!

GESTE N° 361. Votre interlocuteur abuse de clins **d'œil** complices.

Ce qui signifie : Très paternaliste, il vous ouvrira la porte.

GESTE N° 362. Votre interlocuteur révulse souvent les **yeux** sans fermer les paupières tandis qu'il s'exprime.

Ce qui signifie : Souriant comme un clown triste, il porte la guigne à tous ses collaborateurs. Tout ça parce qu'il flirte en permanence avec la dépression nerveuse. Il est à bout mais il ne s'écroulera jamais devant témoin.

27

LES POMMETTES ET LES JOUES

Il s'agit ici de l'ossature qui soutient les joues. Proéminentes chez certains, elles sont à peine visibles chez d'autres.

La mise en valeur des **pommettes** par le biais du maquillage, chez les femmes, est significative. Il ne suffit pas d'avoir les pommettes hautes pour avoir besoin de les maquiller. Cette mise en valeur d'une partie du visage traduit bien souvent un soupçon d'ambition généreuse, à la limite de l'arrivisme, chez l'exécutive woman que vous croisez tous les jours dans les couloirs de votre entreprise. Ne lui en tenez pas grief! Chacun choisit et fourbit ses armes en fonction de ses qualités qu'elles soient purement professionnelles ou plastiques. Il est cependant fortement conseillé aux collègues des pommettes rouges de regarder attentivement où ils mettent les pieds. Elles (les pommettes turgescentes) sont assez féroces dans leur genre.

Il ne faut évidemment pas conclure que la rougeur naturelle de la femme timide est un signe de carriérisme. Il est, par contre, intéressant de réaliser que la reproduction artificielle de ces petites taches turgescentes qui apparaissent sur les joues ou les pommettes des adolescentes, puisse ainsi changer de sens quand elles sont imitées dans un cadre professionnel.

GESTE N° 363. Votre interlocuteur gonfle une **joue** et appuie dessus avec l'index.

> ***Ce qui signifie*** : Un expert en communication frauduleuse qui croit dur comme fer que le scepticisme est la première qualité de l'intelligence, la sienne! Vos propositions ne l'intéressent pas. Question de principe!

GESTE N° 364. Votre vis-à-vis gonfle ses **joues** d'air sans raison.

Ce qui signifie : Si celui-là épouse vos vues, vous aurez pêché une fameuse recrue et vous me serez reconnaissant à vie de vous avoir ouvert les yeux. Le geste est étonnant, l'interprétation l'est encore plus.

GESTE N° 365. Votre interlocuteur relâche souvent l'air de ses **joues** en imitant le son d'un trombone.

Ce qui signifie : Il craint les rivalités professionnelles ou intellectuelles. Dans ces conditions, il fréquente toujours loin au-dessous de son QI. S'il vous trouve génial, c'est qu'il vous considère comme une nullité.

GESTE N° 366. Votre interlocuteur gonfle l'une de ses **joues** avant de relâcher l'air contenu dans sa bouche accompagné souvent d'un petit bruit inconvenant.

Ce qui signifie : A-t-on idée d'être aussi gaffeur? Prêtez-lui votre voiture, il vous ramènera les clefs de contact en bon état, et encore, si vous êtes dans la conjecture astrale favorable. Donnez-lui de l'or, il réussira à le transmuter en plomb! On pourrait le surnommer la « Bavure ».

28

LE NEZ

On dit communément que le nez fait le visage. Comme toutes les excroissances, il est fort sollicité par ceux qui estime que la nature ne les a pas gâté. Vous remarquerez aisément, que les individus dont le nez se marie idéalement avec le visage, ont moins tendance à le « triturer » dans tous les sens que ceux qui n'ont pas eu cette chance.

Les porteurs de nez camards se les pincent souvent entre le pouce et l'index, ceux qui ont un nez pointu ou trop long se l'écrasent. Enfin, certains individus qui portent leur narcissisme à la boutonnière ont tendance à le signaler distraitement d'un index innocent.

GESTE N° 367. Votre interlocuteur a tendance à pincer les narines **(nez)** comme s'il humait une mauvaise odeur.

Ce qui signifie : Voyez le geste n° 353 qui traite des ravages de la double contrainte et vous serez édifié.

GESTE N° 368. Le sujet **renifle** plus souvent qu'il ne se mouche.

Ce qui signifie : Superstitieux, désabusé, en état d'insécurité, cynique et morbide on ne peut que lui souhaiter de dépérir dans le silence de sa solitude. Ce morveux est un perdant irréductible.

GESTE N° 369. On peut observer une sorte de frémissement chevalin des ailes du **nez** chez votre interlocuteur.

> ***Ce qui signifie*** : Un râleur qui brasse un tas de choses en théorie mais qui, dans la pratique, sème le désordre. Si vous comptez sur lui pour mener à bien votre projet...

GESTE N° 370. Votre interlocuteur se bouche machinalement le **nez** de la pince pouce-index.

> ***Ce qui signifie*** : Ce geste si typique montre que vous êtes en présence d'un sceptique de très, très haut niveau. Il affiche son incrédulité comme une légion d'honneur et devrait en principe faire l'unanimité sur un point précis au sein de l'entreprise : il se querelle avec tout le monde.

29

LES MOUSTACHES ET LA BARBE

Moustaches et barbes sont à la fois une preuve de virilité, un masque derrière lequel on dissimule sa timidité et un moyen d'identification narcissique. Dans certaines professions, il y a plus de barbus ou de moustachus au kilomètre carré que dans d'autres.

A l'origine, symbole de la sagesse et de la connaissance dans notre culture judéo-chrétienne, la barbe se porte bien dans tous les métiers intellectuels, artisanaux, pédagogiques, artistiques, etc. Mais il existe mille autres raisons pour lesquelles un homme se laissera pousser la barbe, à commencer par l'inconvénient que représente le rasage quotidien sans oublier le besoin de dissimuler son visage chez les fanatiques de tous bords, qu'ils soient anarchistes ou intégristes... ou boutonneux.

L'intervention du système pileux est largement représentée dans les chapitres qui se rapportent à la **caresse** ou aux **démangeaisons**.

30

LA BOUCHE ET LES LEVRES

Il faut faire un distinguo entre la bouche prise dans son ensemble, et les lèvres, la langue et les dents. La bouche est ici principalement perçue comme caisse de résonnance de la parole.

Les rapports entre les mains et le visage représentent une grande partie du langage gestuel. Reportez-vous notamment à la posture des coudes en appui, si vous ne trouvez pas le geste que vous recherchez dans les variantes reprises sous cette rubrique!

Les attitudes significatives dans lesquelles la bouche est seule sollicitée sont relativement peu nombreuses. On l'associe plus souvent à d'autres parties du corps, doigts ou mains en particulier. Pour faciliter les choses, j'ai considéré qu'il valait mieux grouper les attitudes des lèvres avec celles de la bouche prise dans son ensemble. Mais vous retrouverez les lèvres dans divers chapitres de cette partie du lexique. Les postures dans lesquelles elles sont concernées sont, de plus, regroupées dans l'index analytique, à la fin de cet ouvrage.

A propos des lèvres, sachez qu'elles émettent un signal sexuel puissant. Tous les gestes qui y sont associés ne dégagent évidemment pas la sensualité propre à ce signal. Cependant, le plaisir ressenti ou non lorsque nous les touchons involontairement du bout des doigts ou lorsque nous passons la langue entre les lèvres pour les humidifier ne peut être nié. Elle sont le portique de la bouche dont nous nous servons pour absorber la nourriture-plaisir. Elles sont également le premier outil de contact privilégié dans la parade amoureuse. Ce n'est pas sans raison que les femmes ont adopté le rouge à lèvres pour signaler leur présence. La bouche est le fruit du désir, et les lèvres les messagères du plaisir. Les expressions gestuelles qui les concernent directement ont souvent une connotation pour le moins auto-affective, voire franchement sexuelle. J'ai préféré choisir les attitudes répulsives en partant du principe que ce sont celles qu'il vaut mieux connaître avant qu'il ne soit trop tard pour faire marche arrière.

GESTE N° 371. La bouche de votre interlocuteur grimace constamment, tandis qu'il vous écoute. ☹

> ***Ce qui signifie*** : Il est surtout très attentif à ce qu'il pense mais ne fera pas attention à ce que vous dites.

GESTE N° 372. Votre interlocuteur se cure les dents en dissimulant sa **bouche** d'une main. ☹ ☹

> ***Ce qui signifie*** : Il se demande comment tirer profit de ce que vous lui proposez.

GESTE N° 373. Votre interlocuteur a plutôt tendance à écouter la **bouche** légèrement entrouverte. ☹ ☹

> ***Ce qui signifie*** : « Monsieur Insécurité » lui-même et en personne. Si vous aimez travailler avec un caractériel, armez-vous en conséquence !

GESTE N° 374. Votre interlocuteur gonfle d'air sa **lèvre** supérieure. ☹ ☹

> ***Ce qui signifie*** : Il cultive sa mauvaise foi. Ne comptez pas trop sur son appui !

GESTE N° 375. Votre interlocuteur se passe souvent la langue sur les **lèvres**. ☹ ☹

> ***Ce qui signifie*** : Ses illusions lui donnent soif de réussite. Et, inutile de compter sur lui : il a fait sienne la devise du « chacun pour soi ».

GESTE N° 376. Votre interlocuteur pousse sa langue derrière ses **lèvres** offrant à celles-ci l'allure d'un double-pli. ☹

> ***Ce qui signifie*** : Il essaye de noyer le poisson pour ne pas avoir à trancher pour ou contre votre projet.

GESTE N° 377. Votre interlocuteur écarte les commissures de ses **lèvres** vers les joues en grimaçant. ☹ ou ☺ tout dépend de ce que vous en attendez.

> ***Ce qui signifie*** : Votre interlocuteur est en recherche de soumission absolue au système. Avec sa mentalité de petit bourgeois et de futur rentier, il est « l'écureuil » de la caisse d'épargne du coin. Tracassier, criard, parcimonieux, prévoyant, scrupuleux, il ne conjugue sa vie qu'au conditionnel, n'utilisant que très rarement le temps présent ou même le futur de l'indicatif. Il dégouline de respect devant ses supérieurs et devant tous ceux en face desquels il se sent en situation d'infériorité. Lauréat de la médiocratie, obscur sans grade, c'est un modeste sans lequel notre société de consommation ne serait pas ce qu'elle est! Il faut lui rendre cette justice.

GESTE N° 378. Votre interlocuteur grimace en tendant la commissure gauche de sa **lèvre** vers la joue correspondante. ☹

> ***Ce qui signifie*** : Il manque singulièrement d'efficacité générale! Vous seriez mal avisé de solliciter son aide.

GESTE N° 379. Votre interlocuteur grimace en tendant la commissure droite de sa **lèvre** vers la joue correspondante. ☺

> ***Ce qui signifie*** : Sa méfiance est lacunaire, il fait trop vite confiance malgré cette mimique peu encourageante.

GESTE N° 380. La **lèvre** supérieure repousse la lèvre inférieure vers l'extérieur. ☹

> ***Ce qui signifie*** : Vous êtes bon pour une épreuve de force.

GESTE N° 381. Il fronce ses **lèvres** en direction du nez.

> ***Ce qui signifie*** : Soit, vous le complexez, soit votre interlocuteur souffre d'un sentiment d'infériorité évident.

GESTE N° 382. Votre interlocuteur pince les **lèvres** en vous écoutant.

> ***Ce qui signifie*** : Relisez donc les Fourberies de Scapin du merveilleux Molière et vous serez édifié sur ce que vous réserve votre interlocuteur! Tout ce qu'il vous prêtera jamais, ce sont ses lacunes, ses défauts ou ses carences, et encore à contre-coeur. C'est un fourbe de comédie, un carabin qui confond l'art de guérir et le port d'arme, un capitulard sans panache, un juge d'instruction légaliste qui assassinera la justice si le droit y trouve son compte. Il ne faut pas plus de trois phrases pour museler cet opportuniste.

GESTE N° 383. Votre interlocuteur a tendance resserrer ses **lèvres** en cul de poule.

> ***Ce qui signifie*** : Il est possible que vous le mettiez mal à l'aise en lui donnant l'impression de tout savoir sur rien alors qu'il ne sait ou ne comprend probablement rien du tout à ce que vous dites.

31

LA LANGUE ET LES DENTS

Les dents demeurent un attribut essentiel du sourire. Pourtant peu d'individus s'en soucient vraiment, s'il faut en croire certains auteurs. Il paraît que 20 % des français ne se lavent jamais les dents. Les autres n'utiliseraient en moyenne qu'une brosse à dents et trois tubes de dentifrice par an et par habitant. Ces informations proviennent de l'Association dentaire française qui précise qu'en Belgique et au Portugal, la moyenne par habitant est d'une demi-brosse par an. Cependant, les séquences gestuelles, dans lesquelles nos dents figurent, dépassent largement la centaine.

GESTE N° 384. Votre interlocuteur se lèche les ongles du bout de la **langue.** ☺

> ***Ce qui signifie*** : Vous en dites trop ou pas assez pour qu'il se décide à vous frustrer de vos espoirs. Evidemment, si vous l'associez aux bénéfices, il pourrait bien se raviser dans les trois minutes, montre en main.

GESTE N° 385. Votre interlocuteur pousse sa **langue** à l'intérieur de sa joue avec, le cas échéant, un demi-sourire. ☺ ☺

> ***Ce qui signifie*** : Joueur invétéré dès que le démon du jeu s'empare de ses émois, votre interlocuteur marchera comme un seul homme si vous fondez votre proposition dans l'atmosphère ad hoc.

GESTE N° 386. Votre interlocuteur pousse sa **langue** contre son palais, lèvres entr'ouvertes. ☺

Ce qui signifie : Pas si simple à décrire! Si vous lui faites des avances concrètes, il se fera prier, jouera les incorruptibles offusqués pour vous donner le change, distribuera des blâmes àl'intention de tous les ripoux de la terre avant de vous entraîner dans une discussion de marchand de tapis dans laquelle son intransigeance finira par vous indisposer. Si vous faites mine de prendre la porte, il vous suivra jusqu'à la rue pour calmer vos impatiences de jeune fille en fleur. Un peu levantin! Question d'habitude!

GESTE N° 387. Il fait le tour de ses lèvres avec le bout de sa **langue.** ☺ si vous êtes comestible!

Ce qui signifie : Professionnellement, je trouve cette mimique indécente. Elle est pourtant assez courante et signifie effectivement que votre interlocuteur s'apprête à vous manger tout crû. Symboliquement, rassurez-vous!

GESTE N° 388. Il passe sa **langue** sur ses incisives supérieures. ☺

Ce qui signifie : Dans le même registre que le geste précédent mais moins gastronomique et plus dispendieux. Votre interlocuteur est très prodigue. Abordez rapidement les aspects financiers!

GESTE N° 389. Le bout de la **langue** de votre interlocuteur dépasse souvent de ses lèvres. Lui ☹ ☹ ! Elle ☺ ☺ !

Ce qui signifie : On devrait songer à lui greffer un cerveau d'appoint avec pilotage automatique. Mais que faites-vous donc chez ou avec lui? A moins que ce ne soit-elle?

GESTE N° 390. Votre interlocuteur tire sur le bout de sa **langue** avec la pince pouce-index. ☺ si votre affaire est suffisamment hasardeuse!

Ce *qui signifie* : Sa relation avec l'argent est si mauvaise qu'il ne peut qu'espérer vous en soutirer sans jamais en avoir suffisamment pour survivre. Il s'angoissse chaque fois qu'on lui propose une affaire hasardeuse. La vôtre l'est-elle?

GESTE N° 391. Votre interlocuteur appuie le bout de sa **langue** contre les incisives de la mâchoire inférieure. ☹

Ce *qui signifie* : Partisan du moindre effort, votre interlocuteur est un individu folklorique. Mettez-le à l'épreuve et il deviendra aussi incohérent qu'un virus dans un programme informatique. Du point de vue professionnel, il est plus opportuniste que compétent. C'est un spéculateur qui brade ses incapacités comme on vend un tapis d'orient made in Belgium à un commerçant libanais.

GESTE N° 392. Votre interlocuteur aspire l'air d'une **dent** creuse. ☹ ☹

Ce *qui signifie* : Ce comportement agaçant correspond au profil d'un individu dont les comportements méritent un arrêt sur image. Il est fort probable que votre interlocuteur soit un sadique en phase de re-création névrotique. Je m'explique. Le sadisme est une énergie perverse qui a une furieuse tendance à s'inverser sans prévenir son propriétaire. Le sujet observé se retrouve masochiste avant qu'il ait eu le temps de s'en rendre compte. Soudain, il ne peut plus jouir de l'existence sans encaisser des insultes, des coups et toutes sortes de joyeusetés du même registre qu'il recherche, par ailleurs, en flirtant avec tous les moyens propres à dresser son entourage contre lui. Pour remédier à ce retournement de situation, il doit se reconditionner en s'infligeant à lui-même toutes les souffrances morales et/ou physiques qu'il est capable d'endurer, et ce, jusqu'à ce que le plaisir qu'il retire de sa souffrance cède le pas à l'inutilité de la douleur librement consentie. C'est un peu complexe à comprendre mais ce n'est pas spécialement simple à expliquer.

Un dernier point! Il est souvent très professionnel mais sa créativité est un peu décoiffante. Je vous le déconseille.

GESTE N° 393. Votre interlocuteur aspire l'air entre le diastème (écartement de ses incisives supérieures). ☹ ☹ ☹

Ce qui signifie : C'est une sorte de stratège de la terreur. S'il est votre supérieur, je vous plains de tout coeur. Si c'est un collègue, arrangez-vous pour l'éviter autant que faire se peut. Si c'est un subalterne, faites-le muter dans un autre service! S'il s'agit d'un client, vous découvrirez bien vite que c'est un magouilleur intolérable. Faites-en cadeau à votre concurrent!

32

LES MACHOIRES ET LE MENTON

Ne dit-on pas qu'un menton prognathe est un signe de force de caractère? Possible mais pas certain! Ce qui est sûr, en revanche, c'est que le menton est bien utile aux mains timides qui se cherchent un appui. Le menton apparaît dans un nombre incalculable de gestes, toujours figurant jamais acteur. Et comme il est fonction des mâchoires, je les ai associés dans ce chapitre.

GESTE N° 394. Votre interlocuteur a les **mâchoires** serrées en permanence. ☹ ☹

> ***Ce qui signifie*** : Votre interlocuteur prend souvent des décisions qu'il regrette par la suite. Soyez prudent avec ce genre d'individu! Il pourrait bien vous faire un procès d'intention si votre projet réussit malgré lui.

GESTE N° 395. Les **mâchoires** de votre interlocuteur sont animées d'un mouvement permanent mais discret de mastication. ☹

> ***Ce qui signifie*** : Si vous devez le supporter professionnellement huit heures par jour, branchez-le sur sa longueur d'ondes favorite : radio trottoir. Il est intarissable sur ce plan et presque aussi reposant que le roulis monotone d'un wagon de chemin de fer transsibérien.

GESTE N° 396. Votre interlocuteur a tendance à serrer les **mâchoires** compulsivement. ☹ ☹

Ce qui signifie : Halogène de la malveillance, oscar de la jalousie morbide, diffamateur de niveau olympique. Arrangez-vous pour être dans ses petits papiers, c'est le prix à payer pour voguer tranquillement vers votre objectif. Attention ! Il est totalement immunisé contre l'humour.

GESTE N° 397. Votre interlocuteur a tendance à désigner un objet ou une personne avec son **menton** au lieu d'utiliser son doigt ou sa main.
☹ ou ☺ si vous lui faites croire que vous tenez le rôle de l'imbécile !

Ce qui signifie : Si vous constatez qu'il redresse son torse un peu trop souvent, c'est que le boulier compteur qui lui sert de cerveau, calcule, ajoute, retranche, multiplie les avantages qu'il retirera de l'imbécile qui s'évertue à le convaincre. Devinez qui est l'imbécile ?

GESTE N° 398. Votre interlocuteur pose souvent son **menton** sur ses genoux, jambes repliées contre la poitrine. ☺ ☺

Ce qui signifie : Cool, plaisant et complaisant votre interlocuteur est quelqu'un avec lequel vous pourrez probablement trouver un terrain d'entente.

GESTE N° 399. Il lève le **menton** en vous adressant la parole. ☹ ☹

Ce qui signifie : Baissez la tête et attendez que ça passe ! Dès que vous en verrez l'opportunité, fuyez ! Vous êtes trop prodigue de votre temps.

GESTE N° 400. Elle rentre le **menton** en vous parlant, effaçant parfois la dénivellation entre la saillie du menton et le cou. ☹ ☹

Ce qui signifie : Cette attitude typique est souvent remarquable chez la femme à partir de la trentaine. Elle est un véritable baromètre des fluctuations de son climat mental. En alternance avec un port de tête « normal », dans lequel le menton se démarque du cou, l'effacement trop fréquent du menton signale qu'elle vous aura au tournant ou qu'elle vous descendra en flammes le moment venu.

QUATRIÈME PARTIE

DU COU AU POSTÉRIEUR

33

LE COU, LA NUQUE ET LA GORGE

Si l'on se réfère au langage symbolique du corps, le cou, ainsi que la nuque d'ailleurs, représente la **confiance en soi**. En réalité, la partie du cou identifiée à ce climat mental idéal que nous recherchons tous, se situe exactement au niveau des sept dernières cervicales de la colonne vertébrale. C'est dire que toute la gestuelle impliquant le cou et la nuque ne peut être ignorée ou reléguée au second plan.

GESTE N° 401. La main droite de votre interlocuteur (droitier) agrippe sa **nuque.** ☺ ☺ ☺

> ***Ce qui signifie*** : L'humour de votre interlocuteur dédramatise les conflits. Il est sourire, subtilité, objectivité, honnêteté, tolérance, bienveillance et tutti quanti. C'est le seul de vos ami(e)s ou collègues qui vous accompagnera jusqu'au bout du chemin, si vous êtes capable de l'apprécier. C'est le genre de personne qui vit pour les autres, par les autres, avec les autres. Comme l'écrivait Einstein : « la vraie valeur d'un homme se détermine d'abord en examinant dans quelle mesure et dans quel sens il est parvenu à se libérer de son moi ».

GESTE N° 402. La main gauche de votre interlocuteur (droitier) agrippe sa **nuque.** ☺ ☺ ☺

> ***Ce qui signifie*** : Si vos idées l'interpellent, vous trouverez en lui un passionné doublé d'un allié précieux.

GESTE N° 403. Les coudes en appui, les mains entourent la **nuque** tout en soutenant la tête. ☹ ☹

Ce qui signifie : Il ne se sent pas concerné par vos propos. Votre interlocuteur regrette de vous avoir consacré du temps ou de s'être dérangé pour vous rencontrer dans la mesure où vous ne lui apprenez rien de neuf.

GESTE N° 404. Votre interlocuteur croise tout le temps ses doigts sur sa **nuque**, coudes écartés de part et d'autre de la tête.
☺ sauf si vous déclenchez ses mécanismes de fuite.

Ce qui signifie : Votre interlocuteur se croit supérieur à la moyenne des gens. Ne le détrompez pas! Soyez charitable! Il est capable de se montrer supérieurement intelligent à ses heures. L'ennui, c'est que dès qu'on le lui chante sur tous les tons, ses boutons de col sautent et il commence à se comporter de façon stupide. Pour conserver ce sentiment de supériorité, il ne peut se permettre d'affronter la réalité. Alors, il fuit dans le rêve.

GESTE N° 405. Il se frotte la **nuque** de la main droite. ☺ ☺

Ce qui signifie : Il joue souvent au bout-en-train pour s'attirer votre sympathie avant de vous piéger habilement. C'est qu'il sait y faire! Il est bavard, romantique, ludique, espiègle, épidermique et tellement extraverti que sa compagnie ressemble souvent à une comédie familiale.

GESTE N° 406. Il se frotte la **nuque** de la main gauche ☺ ☺

Ce qui signifie : Vous avez touché la cible. Votre interlocuteur commence à vous considérer comme un partenaire intéressant.

GESTE N° 407. Votre interlocuteur lève un bras en l'air et replie l'avant-bras en cachant sa main derrière sa **nuque**.

Ce qui signifie : Votre interlocuteur est le genre de fantaisiste qui se défile à la dernière minute. Il ne prend jamais le temps de respirer quand il parle. Et puis, surtout, il se gargarise de belles maximes qui, pense-t-il, le singularisent aux yeux de son entourage. Beau-parleur, spéculateur, d'une honnêteté douteuse, indépendantiste à tous crins, il refuse généralement de s'assumer. Il dilapide son existence au gré de ses lubies et de ses goûts éclectiques en matière de tout et de rien.

Si ses illustres interlocuteurs ne s'en sont pas rendu compte, cette attitude prouve qu'Anne Sinclair peut être aussi sentimentale! (n° 410)

GESTE N° 408. Votre interlocuteur lève les bras en l'air et replie les avant-bras tout en cachant ses mains derrière sa **nuque.**

C*e qui signifie* : Il n'y a pas de pire menteur que celui qui croit sincèrement qu'il dit la vérité. Cette phrase s'adapte idéalement à votre interlocuteur que la fatalité poursuit de ses assiduités. C'est un chipoteur passionné de bricolage, complètement démuni de connections neuronales élémentaires. Quand il croit avoir une idée, elle est toujours géniale et il la suit comme un chien suit son maître. Mais en règle générale, il est entièrement indisponible pour toute autre personne que lui-même.

GESTE N° 409. Votre interlocuteur pose souvent sa main droite sur sa **gorge.**

C*e qui signifie* : C'est un vilain jaloux auquel vous coupez le souffle ou que vous étranglez sans le vouloir.

GESTE N° 410. Votre interlocuteur pose souvent sa main gauche sur sa **gorge.**

C*e qui signifie* : Votre interlocuteur est un sentimental. Soyez logique ! Prenez-le par les sentiments !

GESTE N° 411. Votre interlocutrice pose ses deux mains superposées sur sa **gorge.**

C*e qui signifie* : Elle est infréquentable à moins de ne pas être trop regardant. Férue de superstition, de prémonition et de para-professionnalisme patenté, elle se berce d'illusions d'un bout à l'autre de l'année. Irritable, hypersuggestible et complètement dénuée d'intelligence, toute son existence n'est qu'un long fantasme dédié à la carrière qui l'attend dans sa prochaine vie. Si vous avez le temps d'attendre avec elle.

34

LE CORPS, LE DOS ET LES HANCHES

GESTE N° 412. Vous avez toujours l'impression que le **corps** de votre interlocuteur va tomber en avant, qu'il soit debout ou qu'il marche.

> ***Ce qui signifie*** : Féru de solutions magiques, enragé, infatigable et fatigant, incapable de respecter le territoire des autres et affichant un mépris total pour les règles sociales les plus élémentaires, il est toujours pressé d'en finir et rate toutes les opportunités par excès d'impatience. Votre interlocuteur n'est qu'un slogan du style « vite fait, mal fait ».

GESTE N° 413. Vous avez toujours l'impression que le **corps** de votre interlocuteur va tomber en arrière, qu'il soit debout ou qu'il marche.

> ***Ce qui signifie*** : Vous y perdrez beaucoup à mieux le connaître et il vous arrivera de penser qu'il ferait bien de tomber dans une oubliette, une bonne fois pour toutes.

GESTE N° 414. Le **corps** de votre interlocuteur se penche souvent vers vous pour vous confier quelque chose dans le creux de l'oreille.

> ***Ce qui signifie*** : Son comportement pourrait vous abuser : plus bigot que votre interlocuteur « on meurt! ». Son humour mezzo voce ne vaut même pas le sourire dont vous le gratifiez par politesse.

GESTE N° 415. Votre interlocuteur appuie souvent sa main droite dans le bas de son **dos.**

> ***Ce qui signifie*** : Serait-ce sa mauvaise foi qui lui occasionne des douleurs lombaires?

GESTE N° 416. Votre interlocuteur appuie souvent sa main gauche dans le bas de son **dos.**

> ***Ce qui signifie*** : Introverti, sédentaire, immobiliste par vocation, votre interlocuteur se méfie toujours de la nouveauté et se montre peu coopératif dès qu'il lui faut collaborer à un nouveau projet. Il a souvent l'impression (justifiée) d'être un incapable. Pour se venger de ce sentiment indélébile, il agace ses interlocuteurs en dévaluant d'office tous les projets qu'on lui soumet, juste pour le plaisir.

GESTE N° 417. Votre interlocuteur vous parle en vous tournant le **dos.**

> ***Ce qui signifie*** : Signe de mépris de la part de votre interlocuteur, vous vous en doutez, cette attitude a au moins l'avantage de vous permettre de vous éclipser sans un mot d'excuse ou sans un au revoir. Ce n'est pas une boutade! Je l'ai fait et je le referai encore.

GESTE N° 418. Les **hanches** de votre interlocutrice sont marquées par une mini-jupe, ajustée au millimètre près, sur laquelle elle tire mécaniquement en s'asseyant.

> ***Ce qui signifie*** : Parlez-moi de... moi, il n'y a que cela qui m'intéresse! Ne lui faites confiance qu'a posteriori, elle fonctionne sur le mode du chacun pour « moi » et Dieu pour tous. Elle est en général prétentieuse, puérile, autosuffisante, égocentrique, cachottière et, sur le plan professionnel, totalement inefficace. Je précise que je n'ai rien contre les mini-jupes et encore moins contre celles qui les portent.

35

LE VENTRE, LE BAS-VENTRE ET LES FESSES

Peu de gestes sont associés à ces parties anatomiques dans le contexte de la communication gestuelle en milieu professionnel, ce qui est aisément compréhensible. Il existe pourtant une passerelle discrète entre la sexualité et les attitudes adoptées par les individus dans le cadre de leur travail. Le cloisonnement est loin d'être aussi bien assuré qu'on voudrait bien le croire.

GESTE N° 419. Votre interlocuteur se masse le **ventre** distraitement en votre présence. ☺ ou ☹ suivant vos besoins!

> ***Ce qui signifie*** : Le préfixe « con » est l'un des plus fréquents de notre belle langue. En tant que vocable, il sert à désigner les caciques à l'intelligence cacochyme dont la reproduction spontanée n'est pas encore soumise à un numerus clausus. Envieux et avide, votre interlocuteur qui privilégie ce type de geste ne peut supporter l'idée d'être absent d'un projet auquel il ne pourra jamais apporter son concours. La concupiscence est son moteur, la cupidité son véhicule.

GESTE N° 420. Votre interlocuteur debout appuie son **bas-ventre** contre le bord de la table. ☹ ☹

> ***Ce qui signifie*** : On se castre comme on peut. Il s'interdit d'avoir des idées et, par la même occasion, il pollue le génie de ses collègues.

GESTE N° 421. Votre interlocuteur debout pose souvent ses **fesses** sur le bord d'une table. ☹ ☹ ☹

Ce qui signifie : Adepte de la méchanceté anonyme, votre interlocuteur est un vilain corbeau qui dénoncera vos turpitudes à tous les curieux qui s'intéressent à vous d'un peu trop près. Auteur de propos anonymes, il vous séduira néanmoins en usant d'un double langage et en abusant de ses sourires enjôleurs. Il vous servira de l'amitié à chaque repas, jusqu'à ce qu'il viole tous vos petits secrets. Et quand il saura tout sur vous, il vous dénigrera, si vous ne dansez pas la gigue sur l'air de sa Carmagnole.

CINQUIÈME PARTIE

DES BRAS AU JAMBES

36

LES EPAULES

Les épaules sont les racines des bras et le support en second de la tête après la nuque ou le cou. L'épaule gauche est le siège symbolique des affects. Ce qui pourrait signifier qu'un manque affectif serait à l'origine d'une arthrose à l'articulation de l'épaule gauche. Cette affirmation n'est bien évidemment qu'une hypothèse. L'épaule droite est le siège symbolique de l'ambition (chez les droitiers). Une ambition réfrénée, pénalisée ou castrée pourrait entraîner des douleurs atypiques de type rhumatismal à l'épaule droite ou dans le deltoïde correspondant. Le geste qui consiste à suspendre sa main droite à l'épaule gauche dans le contexte d'une rencontre sentimentale est un message non verbal aussi limpide qu'une déclaration d'amour, comme vous n'aurez pas l'occasion de vous en rendre compte en lisant les traductions associées à ce geste dans le contexte professionnel.

GESTE N° 422. Votre interlocuteur hausse souvent les **épaules** tandis que vous tentez de le convaincre.

> ***Ce qui signifie*** : Vous n'avez pas choisi le bon jour pour emporter le morceau. Ses mécanismes de décision sont grippés.

GESTE N° 423. La main droite de votre interlocuteur est accrochée à l'**épaule** gauche, le bras replié sur lui-même.

> ***Ce qui signifie*** : En réaction ponctuelle à votre discours, votre interlocutrice signifie que vous l'intimidez ou que vos propos l'entraînent sur un terrain qui n'a rien à voir avec le sujet qui vous occupe.

Yves Mourousi marque son territoire, si l'on s'en réfère à son attitude, tandis que Christine Ockrent nous confirme par son geste qu'elle se sent exclue du paradis mourousien. Qu'elle se rassure, elle n'est pas la seule! (n° 424)

GESTE N° 424. La main gauche de votre interlocuteur est accrochée à l'**épaule** droite, le bras replié sur lui-même.

> ***Ce qui signifie*** : Vos idées ne l'accrochent pas autant que vous le souhaiteriez, bien qu'il n'y soit pas opposé. Il se sent peut-être exclu. A vous d'agir en conséquence!

GESTE N° 425. La main droite accrochée à l'**épaule** gauche et la droite àl'épaule gauche, les bras se croisent sur la poitrine.

> ***Ce qui signifie*** : Il a revêtu son gilet pare-balles. Il est difficile d'être plus stressé que votre interlocuteur. Ce n'est pas vraiment le moment de l'importuner avec vos problèmes alors qu'il a la tête ailleurs.

37

LES BRAS

Avants-bras, biceps et coudes

Les **bras** sont les leviers et les moteurs de la partie supérieure du corps humain. Le bras droit (chez le droitier) représente l'ambition et l'agressivité. Il appartient au territoire paternel du surmoi. Le bras gauche est celui du cœur, de la sensibilité et de la peur. Il appartient au territoire maternel du surmoi. On attaque en général avec la bras moteur, le bras droit pour les droitiers, et l'on se protège avec l'autre bras pour éviter symboliquement les coups. Les expressions les plus caractéristiques des bras se situent dans les chapitres consacrés aux bras croisés et à la position assise.

Les **avant-bras** font surtout partie des bras, comme chacun s'en doute. L'avant-bras étant la partie comprise entre le poignet et le coude, évidemment. Ils jouent cependant un rôle important dans les positions assises nécessitant un appui naturel sur les cuisses ou sur un support externe en remplacement du coude.

Symboles de la force mâle, les **biceps** participent au langage gestuel en tant que figurants de l'attitude des bras croisés. Il s'agit, bien entendu, de la partie du bras comprise entre le coude et l'épaule qui est ainsi désignée.

Au-delà de son rôle d'articulation des bras, le **coude** est le plus souvent un soutien indirect de la tête noyée dans ses pensées. La plupart des gestes dans lesquels le coude est impliqué sont situés au chapitre des coudes en appui, dans la première partie de ce lexique.

GESTE N° 426. Votre interlocuteur a tendance à agripper son **bras** droit de sa main gauche qu'il soit assis ou debout. ☹

> ***Ce qui signifie*** : Soyez très vigilant car votre interlocuteur, bien que sympathique, est plutôt incompétent. Chaque fois qu'il se lance à corps perdu dans un projet, ce dernier ne quitte jamais la case-départ.

GESTE N° 427. Votre interlocuteur a tendance à agripper son **bras** gauche de sa main droite qu'il soit assis ou debout.
☹ ou ☺ suivant l'usage que vous en ferez!

> ***Ce qui signifie*** : C'est très amusant de le terroriser. il panique à tous les coups. Votre interlocuteur est un persécuté. Il vit sous la contrainte d'un entourage professionnel qui le terrorise. C'est un fanatique qui accumule les connaissances sans rime ni raison, en apparence. En fait, il thésaurise, investit dans son cerveau, envahi par un sentiment indéfinissable de non-appartenance à lui-même. Un peu comme si le propriétaire d'un appartement se sentait malhonnête de ne pas payer le loyer à la place de son locataire. C'est le genre de collègue qui se moquera de vous s'ils vous sent vulnérable, mais vous lèchera les bottes si vous êtes son supérieur.

GESTE N° 428. Votre interlocuteur lève souvent ses **bras** en extension au-dessus de sa tête avec un air nonchalant. ☹

> ***Ce qui signifie*** : C'est un gros menteur qui ne vous dira la vérité que d'une manière tellement tirée par les cheveux qu'elle vous paraîtra incroyable.

GESTE N° 429. Votre interlocuteur pose ses **bras** sur les dossiers des fauteuils voisins, comme s'il déployait ses ailes. ☺ ☺

> ***Ce qui signifie*** : Il vous avertit que sa volonté d'aboutir devrait être suffisamment visible. Votre interlocuteur sait parfaitement ce qu'il veut et jusqu'où il se laissera séduire par vos propositions. Vous n'obtiendrez pas une virgule de plus que ce qu'il a décidé de vous accorder. C'est déjà ça de pris!

GESTE N° 430. Il tient son **biceps** gauche entre la pince pouce-index droite. ☺

Ce qui signifie : Plus vous le complexerez, plus il vous suivra comme votre ombre. Je vous préviens, il est très, très pénible à supporter.

GESTE N° 431. Il tient son **biceps** droit entre la pince pouce-index gauche. ☹ ☹

Ce qui signifie : Si vous comptez sur lui, vous deviendrez aussi chèvre qu'un fromage avant qu'il ne vous aide. Il est alarmiste, craintif, anxieux, susceptible comme un amoureux éconduit et sensible au moindre de vos écarts verbaux. Votre projet ne fera pas long feu s'il doit s'en charger.

GESTE N° 432. Votre interlocuteur agrippe son **coude** droit de sa main gauche. ☹

Ce qui signifie : Quand il se met à douter de lui, son crâne éclate sous la pression d'un afflux de points d'interrogation. Alors, il se raconte ou plutôt il relate des événements nés de son imagination fiévreuse, s'invente des obligations, se complique la vie à plaisir. C'est le roi du fait-divers croustillant et sanguinolent ! Il commence tout mais ne termine jamais rien, promet, pour faire plaisir à ceux qui lui plaisent, mais n'a jamais les moyens de sa politique. C'est un être jovial et impulsif qui aime expérimenter de nouvelles aventures pour échapper à l'emprise absorbante de son boulot. Il échoue souvent mais ses échecs sont sublimes. Mieux vaut ne pas l'impliquer !

GESTE N° 433. Votre interlocuteur agrippe son **coude** gauche de sa main droite. ☺ ☺

Ce qui signifie : Animateur bénévole et mobilisable qui a trop donné de lui-même, il s'est tué à la tâche et a gaspillé son énergie aux quatre vents. Il en est arrivé au point qu'il se cache de peur qu'on découvre son existence et que son indulgence ne l'entraîne, à nouveau, dans la spirale infernale du bénévolat. Piégez-le, il en vaut la peine !

38

LES MAINS

Les paumes et les poings

La **main**, créatrice d'opportunités, racine de la créativité humaine, intervient dans un nombre incalculable de séquences gestuelles involontaires. Elle n'en tient pas toujours le premier rôle mais elle figure intelligemment dans presque toutes.

Signe de force, de violence et d'agressivité, l'homme serre les **poings** symboliquement quand son destin lui est contraire.

GESTE N° 434. La **main** gauche de votre interlocuteur enserre son poignet droit.

> ***Ce qui signifie*** : Contraignez-le ! Il adorera ! Et pourtant ce n'est pas sa nature profonde. Mais ce qu'il peut être énervant avec cette tendance qu'il a de toujours user de faux-fuyants au lieu de répondre franchement droit devant. N'hésitez pas à le secouer avant qu'il ne se noie totalement dans ses problèmes idiots ! Il vous en sera reconnaissant.

GESTE N° 435. La **main** droite de votre interlocuteur serre son poignet gauche.

> ***Ce qui signifie*** : Du point de vue sabotage financier, votre interlocuteur est un virtuose. Il recherche les sanctions. C'est un patient rêvé pour les psychanalystes, ceux qui

récoltent les loyers des châteaux en Espagne bâtis par les névrosés et habités par les psychotiques. Votre interlocuteur n'est peut-être pas psychotique mais il se comporte, en tous cas, comme un débile. Et en matière de sabotage financier, les psychanalystes ne sont pas forcément les meilleurs conseillers. Je vous déconseillerais de suivre les conseils du monsieur dont la main droite serre constamment son poignet gauche.

GESTE N° 436. La **main** gauche de votre interlocuteur enserre son avant-bras droit. ☹ ☹

Ce qui signifie : Votre interlocuteur peaufine son impopularité et tire un profit colossal de la naïveté de ceux qui lui font confiance. Rendez-vous service, emmenez-le à la prochaine brocante et vendez-le un franc symbolique au premier naïf venu!

GESTE N° 437. La **main** droite de votre interlocuteur enserre son avant-bras gauche. ☹ ☹

Ce qui signifie : Potache de la vie professionnelle qui émargera toujours au budget de la médiocrité et gagnera des ronds de carotte, sa vie durant. Tout ça parce qu'ils préfère les conseils des carriéristes qu'il adore fréquenter pour argent comptant, parce qu'il place sa confiance dans toutes les Cassandre qui lui renvoient une image mortifère de son avenir. Le caractère répétitif de son geste ne devrait pas vous échapper. Fuyez avant qu'il ne vous infecte!

GESTE N° 438. La **main** gauche est suspendue à l'épaule correspondante, elle est accrochée sur le haut de l'omoplate. ☺ ☺

Ce qui signifie : Il vous décrochera la lune. Votre interlocuteur est un explorateur passionné de futurologie dont les prémonitions se confirment généralement, ce qui n'a pas l'heur de séduire tous les beaux esprits. Et comme il devient vulnérable si on le remet en question, ces messieurs s'acharnent pour qu'il se taise. Impressionnable, il est doté d'une imagination fertile et d'un sens aigu de l'anticipation. Il a juste une petite manie qui le dessert : il aime tellement se confesser en public qu'il vous déballera son CV dans les cinq premières minutes de votre première rencontre.

GESTE N° 439. La **main** droite de votre interlocuteur est suspendue à l'épaule correspondante de la même manière que décrit ci-dessus. ☺ ☺

Ce qui signifie : Il n'observe pas les autres mais s'observe à travers eux comme s'ils n'étaient que les images virtuelles de son moi. Votre interlocuteur remet en scène le scénario de son existence jusqu'à copie conforme. C'est un individu extraverti dont les deux qualités principales sont l'efficacité professionnelle et le sens de la communication.

GESTE N° 440. Votre interlocuteur pose ses **mains** sur la table de telle manière que ses paumes restent dans le vide. En fait, seuls ses doigts entrent en contact avec la table. ☺

Ce qui signifie : Il acceptera de vous suivre à son corps défendant, de peur de rater une occasion ou une opportunité.

GESTE N° 441. Votre interlocuteur lève systématiquement la **main** en l'air, paume vers l'extérieur, quand il veut vous interrompre ou prendre la parole. ☹

Ce qui signifie : Il fait du rase-mottes sous sa ligne d'horizon comme tous les demi-malins qui connaissent toujours les bonnes réponses aux mauvaises questions et vice-versa.

GESTE N° 442. La **main** gauche retient la main droite.

Ce qui signifie : Colérique, extrémiste, surmené, courant d'air, brouillon, accapareur, votre interlocuteur appelle sa maman à son secours chaque fois que son destin dérape. Sa maman ou celle qui en a repris le rôle en toute innocence. Comme ça, il a l'air d'un raider, d'un Rambo grandeur nature. C'est un sale gamin à qui on a fait croire qu'il était le meilleur.

GESTE N° 443. La **main** droite de votre interlocuteur retient sa main gauche.

Ce qui signifie : Sa vivacité d'esprit ne peut être mise en doute s'il fait appel à ce geste. Il est aussi possible que vos propos lui donnent de bonnes idées.

GESTE N° 444. La **main** droite ou gauche de votre interlocuteur couvre son autre main.

Ce qui signifie : « Il pense que... » répète-t-il comme un refrain populaire. En fait, il n'a sûrement jamais pensé de toute sa vie. Rien qu'à l'idée que ses neurones désactivés puissent un jour sortir de leur narcolepsie, ça lui donne de l'urticaire. Votre interlocuteur est un modèle de stabilité, prêt à tous les sacrifices pour que l'instant présent se réplique identique à lui-même, indéfiniment.

GESTE N° 445. Votre interlocuteur pose ses **mains**, doigts à moitié refermés sur le bord de la table. si vous êtes prudent et attentif!

Ce qui signifie : Il croit toujours que la fatalité le punit d'une faute qu'il n'a pas commise. Lorsque le sort lui est favorable, il croit que tout lui est permis et son climat mental retrouve une vigueur toute montagnarde. S'il est dans une

EPhilippe Seguin. Encore un qui devrait apprendre à se tenir en public s'il veut habiter un jour à l'Elysée! Il ne suffit pas d'être le maire d'Epinal pour devenir un homme d'images (n° 444).

mauvaise passe, il peut devenir indélicat, voire pas très honnête. Quand sa chance est au beau fixe, c'est un compagnon enjoué. Mais que la roulette de la fortune tourne dans le mauvais sens et votre interlocuteur vire de bord aussi sec. C'est là qu'il devient impératif de prendre le large.

GESTE N° 446. La **main** de votre interlocuteur glisse souvent dans l'échancrure de sa chemise.

Ce qui signifie **:** La fabulation est une propension à présenter comme réelles les productions imaginaires de l'esprit. C'est une sorte de compensation subjective chez un sujet qui imagine ce qu'il aurait voulu vivre et qu'il n'a jamais vécu. Les fabulateurs ne manquent pas à l'appel mais votre interlocuteur devrait, en principe, détenir le pompon en la matière. Si c'est le cas, vous avez affaire à un simulateur. Versatile comme la météo, toutes ses décisions sont guidées par ses fantasmes. Il va où le vent de ses illusions le pousse. Il est incurable. Ne jouez pas au docteur!

GESTE N° 447. Votre interlocuteur pose les pulpes des doigts de ses deux mains les unes contre les autres en vous parlant. Il agite ses **mains** dans votre direction le cas échéant.

Ce qui signifie **:** Il aime jouer au petit professeur ou à l'étudiant pénétré de ses connaissances. Mais si vous détenez l'autorité, il aura une peur viscérale de vous contrarier. Ce qui pourrait caractériser le personnage, c'est un excès d'enthousiasme fabriqué de toutes pièces, doublé d'un langage ou d'un raisonnement quelque peu obscurs.

GESTE N° 448. Votre interlocuteur se frotte machinalement le bord des **paumes** l'une contre l'autre, sans que les doigts ou les faces palmaires n'entrent en contact.

Ce qui signifie **:** Quel paresseux! Il en fait tellement peu, que le peu qu'il fait, il parvient encore à le faire de travers. Et puis, surtout, plus lâcheur que lui, c'est difficile à imaginer. Vous pouvez compter sur lui comme sur un banquier quand il pleut sur votre compte en banque. En outre, il se plaint souvent qu'on ne le considère pas à sa juste valeur. Il a entièrement raison. Il devrait être déconsidéré à sa valeur réelle.

GESTE N° 449. Votre interlocuteur ferme fréquemment les deux **poings** en dissimulant ses pouces.

Ce qui signifie : Si vous êtes obligé de faire appel à lui, renoncez avant qu'il ne soit trop tard. Il n'y a pas une once d'esprit dans tout le personnage, pas une note d'humour dans son curriculum vitae. Il ne dit jamais ce qu'il pense et ne pense pas un mot de ce qu'il promet.

GESTE N° 450. Assis, votre interlocuteur appuie ses deux **poings** sur le bord de la table.

Ce qui signifie : Votre interlocuteur se décompose en trois aspects distincts qui se télescopent par incompatibilité d'humeur : l'exagération, la culpabilité et la frustration. Il marchande sa misère, feint d'être toujours coupable, amplifie ses mésaventures professionnelles. On finit par le croire et par pleurer avec lui dans son mouchoir. Il expie. Mais il expie avec un chic qui en fait un modèle de souffrance héroïque. Un aspirant au martyrologe ne s'en tirerait pas mieux. C'est d'un tragique à consommer avec larmes et bagages ! A propos de votre projet, voyez l'iconographie !

39

LES DOIGTS

Sans les doigts les mains n'existeraient pas. Et où en serions-nous, en termes d'évolution? Au-delà de la signification symbolique que vous retrouverez dans chacun des chapitres consacrés aux différents doigts de la main, le langage des doigts est, sans conteste, le plus riche de tous les langages gestuels. De l'auriculaire au pouce en passant par toutes les combinaisons possibles de deux ou trois doigts associés, les gestes digitaux se déclinent à l'infini ou presque.

Dans ce chapitre, les doigts sont observés collectivement. Si vous souhaitez découvrir la signification d'un geste rattaché à un doigt en particulier, il faudra vous reporter à l'intitulé du doigt en question.

GESTE N° 451. Le sujet claque (ou fait mine de claquer) des **doigts** et répétitive de manière compulsive.

> ***Ce qui signifie*** : Il trouve vos arguments excessifs et serait même enclin à penser que vous essayez de lui forcer la main.

GESTE N° 452. Il tambourine des **doigts** sur la table, traduisant un certain agacement.

> ***Ce qui signifie*** : Comme vous vous en doutez, ce geste indique que votre interlocuteur est toujours très pressé... de ne pas aboutir. Il n'arrive généralement nulle part et

reste donc parfaitement logique avec lui-même. En société, il est rigide comme un corset à baleines, complètement inconsistant, phobique, résigné, impuissant et ne s'intéresse à rien. Est-il présent ou absent? La question ne se pose même pas. Il n'est là, ni pour vous, ni pour personne!

GESTE N° 453. Il entrecroise ses **doigts** de guingois ou en forme de herse.

Ce qui signifie : Vous avez affaire à un écorché vif, un crucifié que je n'aurais pas le cœur de mutiler plus qu'il n'est nécessaire. Il se débrouille très bien tout seul. Le geste est curieux, ne trouvez-vous pas? Le bonhomme aussi.

GESTE N° 454. Votre interlocuteur emprisonne deux, trois ou quatre **doigts** de son autre main. ou tout dépend de l'usage!

Ce qui signifie : Il y avait le Malade imaginaire de Molière, il a été remplacé par le pro imaginaire de cette fin de siècle. « Il » c'est votre interlocuteur, lui-même et en personne. Il ne se soucie que de sa petite santé et, accessoirement, de celle des autres hypocondriaques qui le fréquentent au café du coin, après les heures de bureau. Votre interlocuteur est dépersonnalisé au profit de son organe souffrant du jour. Ca l'arrange bien dans le fond. Comme ça au moins, il existe en partie. C'est déjà mieux que de ne pas exister du tout, ne trouvez-vous pas?

GESTE N° 455. Votre interlocuteur replie l'index, le majeur et l'annulaire tout en tendant le pouce et l'auriculaire vers l'extérieur.
si vous avez un caractère dominant.

Ce qui signifie : Le jour où il tiendra parole, les poules iront chez le dentiste! En outre, il est aussi fataliste qu'un poulet de grain. Sachez que le destin s'occupe de tout à sa place. Une petite phrase me revient en mémoire en ce qui le concerne : « ...parce que les gens qui ont perdu tout espoir sont faciles à soumettre... ». Ne lui redonnez aucun espoir, soumettez-le avant qu'il ne vous reprenne sa parole!

LES POUCES

Au risque de me répéter, je vous rappelle que tout geste, combinaison gestuelle ou attitude corporelle est une traduction simultanée du climat qui prévaut dans l'attitude mentale d'un individu. Le corps est incapable de mentir, il expose la vérité dans la vitrine gestuelle sans se soucier des pudeurs de la psyché. La langage corporel est riche de milliers d'attitudes stéréotypées que l'on retrouve de manière identique chez tous les êtres humains sans distinction de culture, de race ou de religion. Certains de ces gestes appartiennent également au langage corporel des grands singes, nos cousins. Le fait de croiser les doigts tandis que les pouces libres tournent l'un autour de l'autre, est une séquence gestuelle connue de tous. Elle traduit un ennui profond, voire une lassitude de l'existence suivant le contexte vécu par le sujet.

Lors d'une visite que j'ai effectuée au zoo d'Anvers en compagnie de mon fils cadet, j'étais fasciné par un gorille dans sa cage de verre. Nous nous fixions dans les yeux pour ainsi dire. Son regard me gênait en ce qu'il était trop humain pour que je puisse me sentir indifférent à son sort. L'expression de ses yeux traduisait un chagrin immense doublé d'un abattement qu'on ne retrouve que dans le regard des hommes qui ont tout perdu. Je baissai les yeux pour tomber en arrêt sur ce fameux geste que je croyais trop humain pour appartenir au règne animal : les doigts croisés sur sa bedaine, ses pouces tournaient mécaniquement l'un autour de l'autre tandis qu'il continuait inlassablement à me regarder.

Les pouces symboliseraient à droite, la sexualité; à gauche, la sensualité, c'est-à-dire les cinq sens. Les pouces sont impliqués dans les divers chapitre de cet ouvrage. Les gestes associés aux pouces sont regroupés dans l'index analytique.

GESTE N° 456. Votre interlocuteur accroche l'ongle de son **pouce** à l'un de ses doigts ou vice-versa et le détend comme s'il voulait projeter quelque chose. ☹ ☹

> ***Ce qui signifie*** : Si vous comptez sur lui, c'est que vous n'avez encore rien compris au langage des gestes. Ce geste ne vous dit rien? Rappelez-vous les boulettes de papier buvard enduites de salive que vous projetiez vers le plafond de la classe quand vous étiez gamin! L'ennui est compris dans le geste.

GESTE N° 457. Votre interlocuteur se tourne les **pouces**, doigts croisés sur son ventre. ☹ ☹ ☹

> ***Ce qui signifie*** : Dans le contexte professionnel, ce geste montre un raffinement exquis dans la cruauté. Dois-je vous rappeler que les gorilles ne sont pas spécialement des mammifères prévisibles. Un être prêt à vous importuner du 1er janvier à la Saint-Sylvestre. Une virtuosité inégalable dans le genre méchanceté gratuite et perverse. Une vraie dose de poison quotidienne. Mais ce geste, déjà évoqué dans l'introduction de ce chapitre, se traduit aussi par un lassitude générale.

GESTE N° 458. Votre interlocuteur a tendance à retenir l'index du **pouce** tandis que ce dernier se détend comme s'il projetait une bille imaginaire. ☹ ☹ ☹

> ***Ce qui signifie*** : Il est toujours trop sincèrement spontané pour ne pas être franchement hypocrite. Pour placer sa confiance en lui, il faut être tout à fait inconscient. Il est anti-tout, provocateur, hostile, bordélique, impertinent mais vous ne vous en rendrez jamais compte sans chausser vos lunettes. Un vrai petit trésor, de prime abord. On dit communément que le soleil ne luit pas pour tout le monde. En ce qui le concerne, le soleil n'est qu'une vue de l'esprit. Son avenir est tout à fait aléatoire, le vôtre aussi, si vous dépendez de lui.

GESTE N° 459. Il glisse souvent son **pouce** entre l'annulaire et l'auriculaire.

Ce qui signifie : La confusion dans laquelle il mène sa carrière n'a d'égale que les catastrophes abracadabrantes qu'il est capable de provoquer. Dans son cerveau, l'anarchie est en concurrence avec le chaos. Ses neurones se télescopent, jouent à saute-mouton et à traîne-patin, tandis qu'il loge à côté de la plaque. Si c'est l'un de vos collègues, je vous plains d'endurer un tel calvaire. Je suis d'ailleurs ravi de ne pas être à votre place.

GESTE N° 460. Il glisse souvent son **pouce** dans l'interstice entre le majeur et l'annulaire de la même main.

Ce qui signifie : Encombrant comme une commode rustique, bavard comme une vieille tante à héritage, pas bien méchant mais s'il réussit à vous coincer, soyez patient. Il ne vous gratifiera que de bonnes paroles. Mais cela m'étonnerait que vous vous y laissiez prendre.

GESTE N° 461. Votre interlocuteur glisse souvent son **pouce** dans l'interstice entre le majeur et l'index de la même main.

Ce qui signifie : S'il vous arrive de lui serrer la main, recomptez vos doigts après coup ! Sait-on jamais ? Il n'est pas malhonnête, il n'est pas honnête, ce qui n'est pas forcément synonyme. Sa mauvaise volonté ne peut être mise en doute. Il n'y a que lui pour estimer que cette affirmation est fortement exagérée, voire franchement malveillante. Cependant, vous vous apercevrez très vite qu'il n'a pas assez de combativité pour agir ou réagir, disperse le peu d'énergie qui lui reste aux quatre vents et passe le plus clair de son temps à profiter de la sueur des autres. Rapace comme tous les exploiteurs qui se respectent sans respecter pour autant les idiots qui leur cirent les bottes pour 2,50 francs de l'heure. Avez-vous amené le cirage ?

GESTE N° 462. Il enveloppe son **pouce** droit dans sa main gauche. ☺ ☺ ☺

Ce qui signifie : Comme les Japonais, il commence toujours par la conclusion mais ne développe jamais le cheminement de sa pensée. Votre interlocuteur est un bilan ambulant de profits sans pertes possibles. Enervant mais efficace, défenseur acharné de la veuve sans orphelin, partisan de l'ordre et de la méthode, il rêve de dominer son entourage. Très discipliné de nature, il est le modèle de la détermination. Il vous servira avec une loyauté sans faille, si votre projet lui plaît.

GESTE N° 463. Il enveloppe son **pouce** gauche de sa main droite.

☺ ou ☹ suivant ce que vous en faites!

Ce qui signifie : Il se dit toujours prêt à rendre service à tous ceux qui sont dans le besoin, mais ne faites jamais appel à lui car il ne sera pas disponible. En bref, ne lui demandez jamais rien et il ne vous décevra pas! C'est un fabulateur habile à manipuler les naïfs du régiment ou à séduire les secrétaires mini-jupées. Mis à part cette aptitude, ses compétences ne vous donneront pas le vertige.

GESTE N° 464. Doigts croisés, les **pouces** sont tendus, pulpes en appui l'une contre l'autre. ☹ ☹

Ce qui signifie : Insulaire socio-professionnel, votre interlocuteur ignore les gens qui l'entourent. Il apprécie par-dessus tout la solitude et n'est pas convaincu qu'une remise en question de sa conduite puisse lui apporter le bonheur. Ce en quoi, je trouve qu'il n'a pas entièrement tort. C'est un tel faiseur d'embarras qu'il vaut mieux pour vous que vous passiez votre chemin.

GESTE N° 465. Doigts croisés, les **pouces** sont tendus, pulpes en appui l'une contre l'autre et s'écartant régulièrement, que votre interlocuteur s'exprime ou non.

Ce qui signifie : Le geste est aussi antipathique que le portrait que je vous brosse de l'individu qui le reproduit sous votre nez. Raspoutine, ça ne vous rappelle rien ? Celui qui se trouve en face de vous pourrait bien en être la réincarnation. Il aime s'écouter parler et vit aux dépens de ceux qui l'écoutent. Ce qui est une façon pratique de joindre l'utile à l'agréable. Plutôt matérialiste, sa conversation tourne autour du sujet le plus couru après le sexe, j'ai nommé l'argent, ce mauvais serviteur qui est un si bon maître. Il conjure le sort en se raccrochant à des rites magiques. Un secret bien gardé, sauf si vous faites partie du cercle de ses intimes. Il cache bien son côté mystique comme le vrai Raspoutine. Méfiez vous de ses changements d'humeur. Ne lui faites jamais d'affront en public, il se vengerait de vous à long terme et avec des intérêts exorbitants ! La calomnie est son sport verbal favori, et sa plus grande qualité l'obstination jusqu'au déluge. Bref, ce n'est pas un ou une fantaisiste, et si j'étais à votre place, j'y regarderais à plusieurs fois avant de l'inviter à lui faire partager mes projets.

LES INDEX

Les index sont les doigts du pouvoir paternel et maternel. Ils sont la représentation symbolique du surmoi dont le rôle est d'assurer la défense de la personnalité individuelle contre les agressions, qu'elles proviennent de la société ou de la conscience. Un individu dont le surmoi est fortement accusateur, le ça, fautif et le moi, responsable ou coupable, aura tendance à pointer de l'index de la main motrice en parlant à son interlocuteur. Les personnes atteintes d'arthrose digitale ont souvent tendance à utiliser un de leurs index pour appuyer leurs arguments dans le cours d'une conversation. De là à conclure que l'arthrose est la pathologie des gens coupables, il n'y a qu'un pas que je ne franchirai pas. L'origine psychogène d'un nombre incalculable de maladies, est étroitement liée à la culpabilité irrationnelle dont on nous fait porter le chapeau.

GESTE N° 466. Votre interlocuteur a une propension agaçante à pointer l'**index** dans votre direction tout en vous adressant la parole.
☺ ou ☹ selon l'usage!

> ***Ce qui signifie*** : Cette attitude éminemment courante et énervante mérite un portrait exhaustif de celui qui y recourt tellement que son index en devient plus important que le reste de sa personne. Héros fatigué par toutes les missions qu'il n'a jamais accomplies, toutes les batailles où il a brillé par son absence... votre interlocuteur n'a même pas besoin de rougir de ses défaites. Il n'a jamais rien tenté, rien gagné, rien perdu. Il a survécu, et ce n'est déjà pas si mal. Aucune ambition n'a réussi à le faire rêver plus d'une demi-heure d'affilée. Il dort d'un sommeil conscient, inconscient de ses pouvoirs rouillés par sa soumission à la hiérarchie. Il vivote loin au-dessus de sa ligne d'horizon, fait des séances de Zen devant sa télévision.

GESTE N° 467. Votre interlocuteur fait mine de vous embrocher le ventre avec son **index**. ☹ ☹ ☹

> ***Ce qui signifie*** : Le paradis lui a fermé ses portes. Le purgatoire n'en veut plus. L'enfer hésite. Il ne lui reste que la société des humains, ses semblables auxquels il ne ressemble pas du tout. Il sait esquiver ses responsabilités avec un brio que beaucoup pourraient lui envier. Inutile de comptabiliser les pertes et profits du personnage, il ne grandira jamais, restera accroché comme un boulet à son adolescence. Et encore, à la période la plus difficile à vivre. Il vous importunera ou vous vendra au plus offrant si son intérêt le lui commande. Pour lui vous n'êtes qu'une monnaie d'échange, une personne sans importance. Un chien qu'on abandonne quand vient l'été.

Curieux geste de la part d'un jeune loup aussi carnivore que Nicolas Sarkozy! L'index droit ravageur (le doigt du pouvoir) indique parfois que son propriétaire ne peut que s'exprimer à défaut d'agir (nº 466).

GESTE Nº 468. Votre interlocuteur lève l'**index** vers le plafond pour appuyer ses arguments. ☹ ou ☺ suivant l'usage.

Ce qui signifie : Il est plutôt sympathique mais je vous le déconseille. C'est un être violent (en paroles) qui change d'avis quand le vent tourne, se fait une règle de ne prendre que des risques inutiles et se dispute avec tout le monde. Toutes ses initiatives s'avèrent catastrophiques pour lui et le vident nerveusement pour de longues périodes de déprime. Il est en révolte contre le système, les règles et les tabous sur lesquels reposent l'équilibre de la société qui l'emploie. Mais ne faut-il pas des briseurs de tabous à toutes les époques? Ils secouent nos consciences endormies, réveillent la peur de perdre cette médiocratie sociale à laquelle nous sommes tellement attachés et pour laquelle nous nous battons comme des lions, assis dans un fauteuil devant la télévision.

GESTE N° 469. Il enveloppe son **index** gauche de son autre main.
☺ ou ☹ A vous de voir!

Ce qui signifie : Le caractère fréquent de cette attitude vous signale que votre interlocuteur serait un drogué du petit écran. Il n'a jamais utilisé son index pour tourner les pages d'un bouquin. Et pour cause! Pour en revenir au nœud du problème, je sous-entends qu'il n'aurait jamais rien lu d'autre, dans sa vie, que les faits-divers ou la rubrique nécrologique du magazine qui lui prémâche ses programmes TV. Cette affirmation audacieuse pourrait bien s'avérer aussi vraie que la vérité. Remarquez que je conditionne pour ne pas prendre de risques inutiles!

GESTE N° 470. Il enveloppe son **index** droit de son autre main, tout en vous écoutant. ☹ ☹

Ce qui signifie : Il y a des gens qui ne sont pas nés à la bonne époque, ou dans la famille idéale, ou encore... Enfin, ils auraient préféré attendre une conjoncture astrale plus favorable. La chance ne sourit pas à tout le monde et certainement pas à votre interlocuteur. Passez votre chemin, la poisse est contagieuse et le vaccin n'est pas au point.

GESTE N° 471. La main de votre interlocuteur reposant sur un support quelconque, la pulpe du pouce a tendance à être rejointe par celle de l'**index**, formant un cercle digital. ☺ ☺

Ce qui signifie : Il préfère vous avoir comme allié que comme ennemi mais il n'en pense pas moins que vous recherchez son appui en fonction de ce qu'il est susceptible de vous apporter.

GESTE N° 472. Votre interlocuteur assis passe machinalement son **index** sur l'arête de la table. ☹ ☹

Ce qui signifie : Il doute qu'il soit en mesure de réussir le projet qui lui tient à cœur tout en songeant qu'il ferait peut-être mieux de se taire. Cette séquence gestuelle indique une conduite d'échec et d'auto-agressivité ! Elle peut évidemment être transférée à la deuxième personne du singulier. « Il doute que vous soyez en mesure... ».

GESTE N° 473. Votre interlocuteur frotte machinalement son index ou le couple index-majeur contre son pouce. ☹ ☹

Ce qui signifie : C'est la pipelette émérite du service. Tout ce que les autres possèdent et dont il est exclu, il le

Le maire de Paris a plus de sens politique qu'on ne lui en prête. Son geste le prouve! La réunion du pouce et de l'index gauche (n° 471) associe symboliquement la sensualité et le pouvoir féminin. Jacques Chirac ne se heurte pas à ses adversaires, il les absorbe. Va-t-il dévorer Raymond Barre et Jean-Claude Gaudin (n° 471).

convoitera la bouche ouverte et la bave du crapaud au coin des lèvres, et ce, jusqu'à ce qu'un ulcère l'emporte. Et vous qui pensiez que ce geste tellement connu signifiait : Combien? Notez qu'il est très coopératif, il partage toujours sa concupiscence avec les nouveaux venus.

LES MAJEURS

Ou les doigts directeurs des deux mains qui symboliseraient respectivement la mémoire (gauche) et l'intelligence (droite).

En langage gestuel, l'action des majeurs est souvent associée à celle des index plutôt qu'à une combinaison gestuelle sollicitant les annulaires.

Le majeur est aussi celui qu'on nomme pudiquement le doigt d'honneur mais la raison de ce choix me semble obscure. Si j'étais candide, je dirais qu'on le nomme peut-être ainsi car il voisine l'annulaire qui est le doigt sur lequel on glisse l'anneau de mariage. Doigt d'honneur, garçon d'honneur! Il y a comme une espèce d'analogie qui plane. N'est-ce pas là le meilleur ami du marié?

GESTE N° 474. Votre interlocuteur emprisonne son **majeur** gauche dans son autre main.

> ***Ce qui signifie*** : Ne vous embarrassez pas de lui, sinon il vous en fera tant et tant, des embarras, que vous finirez par jeter votre projet à la corbeille... à papiers.

GESTE N° 475. Votre interlocuteur emprisonne son **majeur** droit dans son autre main.

> ***Ce qui signifie*** : Si vous comptez sur lui pour vous appuyer ou pour n'importe quoi d'ailleurs, vous avez bien du courage. Si vous avez vraiment besoin de lui, parlez-lui de programmes TV et il vous mangera dans la main!

GESTE N° 476. Le pouce de votre interlocuteur a tendance à rejoindre la pulpe du **majeur** formant un cercle digital.

> ***Ce qui signifie*** : Il vous signifie ainsi que vous vous donnez beaucoup de mal pour un résultat qui pourrait bien s'avérer aléatoire. D'ailleurs, il est prêt à vous quitter séance tenante. Son petit côté réfractaire ne devrait pas vous échapper; une moue discrète des lèvres accompagne généralement le geste des doigts.

LES ANNULAIRES

De tous les doigts de la main, les annulaires sont ceux qui sont le moins autonomes. Dans la plupart des gestes, ils accompagnent soit les auriculaires, les majeurs ou encore les autres doigts dans leurs mouvements d'ensemble. Il arrive cependant que certains individus tendent l'un des annulaires alors qu'ils replient les autres doigts en posant la main sur la table. Le fait est rare mais mérite d'être mentionné. Il s'agit d'un individu indisponible, ce qui est toujours bon à savoir. A manipuler avec précaution dans la mesure où vous remarquerez très vite que sa réalité ne correspond pas toujours à la vôtre.

Ce détail mis à part, les annulaires correspondraient symboliquement : à gauche, aux affects ou à la capacité de s'investir sentimentalement, ce qui vous paraîtra tomber sous le sens dans la mesure où la tradition veut que l'on passe presque toujours l'alliance à ce doigt; à droite, il représenterait les schémas volontaires et la coordination des automatismes.

GESTE N° 477. Votre interlocuteur emprisonne son **annulaire** (gauche ou droit) dans son autre main.

> ***Ce qui signifie*** : ... que vous êtes en présence d'un prodigieux caméléon! Amical, a priori, mais aussi hypersensible, voire susceptible, au moindre écart verbal de votre part. Soyez attentif à ne pas le vexer inutilement. Il n'a

aucun sens de l'humour et il doute facilement du bien-fondé d'une démarche à laquelle il aura prêté son appui initialement.

GESTE N° 478. Votre interlocuteur appuie son annulaire (gauche ou droit) sur la table. Les autres doigts sont repliés sous la table.

Ce qui signifie : Il se soucie trop de sa petite santé pour se lancer dans des aventures sans lendemain. D'ailleurs, il pratique volontiers l'abstinence en matière d'action. En un mot comme en cent, il est indisponible. Comme vous l'avez deviné, vous êtes en présence d'un individu frustré et perpétuellement insatisfait qui peut aussi devenir soudainement aussi passif qu'inerte si vos propositions lui déplaisent ou lui font peur.

GESTE N° 479. Le pouce rejoint la pulpe de l'**annulaire** formant un cercle digital.

Ce qui signifie : Ne comptez pas sur son aide, il vous trouve de mauvaise foi. Climat mental en retrait absolu et totalement négatif exclusivement réservé à votre intention.

LES AURICULAIRES

« C'est mon petit doigt qui me l'a dit »révèle la maman si sûre de ses renseignements. Et l'enfant de se demander comment sa mère parvient à communiquer avec ses auriculaires. Mais d'abord, auquel des deux fait-elle référence? Probablement l'auriculaire droit! Ce doigt symboliserait la somme des désirs refoulés dans l'inconscient, ce qui en fait le représentant exclusif des perspectives de la vie. L'auriculaire gauche, par contre, symboliserait la synthèse des désirs de l'enfant, donc les assises du passé. Il est intéressant de mesurer les forces respectives des deux auriculaires en utilisant un pèse-personne, comme pour les autres doigts des deux mains. Suivant le doigt qui l'emportera, vous seriez plutôt nostalgique ou plutôt tourné vers l'avenir. Le fait de se casser ou de se blesser l'un des auriculaires serait un moyen inconscient de régler les contentieux psychologiques éventuels qui concerneraient l'enfance (auriculaire gauche pour les droitiers) ou la peur morbide de l'avenir ou refus de vieillir (auriculaire droit). On retrouve les auriculaires associés à divers gestes significatifs dans différents chapitres et plus spécifiquement dans celui qui est consacré aux **doigts**.

GESTE N° 480. Votre interlocuteur soulève sa tasse de café en maintenant l'anse du pouce et de l'index et en relevant son **auriculaire** de manière affectée.

> ***Ce qui signifie* :** La polémique est son champ de bataille de prédilection. A chacun son truc ! L'horizon de votre interlocuteur du jour se situe à moins de trente centimètres de son nez. La seule activité dans laquelle il excelle consiste à se faire admettre comme membre d'honneur dans toutes les coteries de pseudo-notables et de vrais durillons de comptoir.

40

LES ONGLES ET LES PULPES

GESTE N° 481. Votre interlocuteur se cure les **ongles** sans se gêner tandis qu'il vous écoute. ☹ ☹ ☹

> ***Ce qui signifie*** : Votre interlocuteur est un bluffeur de génie qui est capable de vous mener en bateau de bout en bout de l'entretien. Avez-vous des jambes?
>
> Sachez également que votre interlocuteur, et j'exagère à peine, a besoin de se mortifier en endossant des fautes imaginaires car il se croit l'être le plus abject de la planète et lutte avec courage pour le rester. Il faut qu'il conserve cette impression de vivre un cauchemar pour trouver une saveur à son existence. Il dénoncera l'innocent, rapportera vos magouilles aux impôts, jettera de l'huile sur le feu ou se lancera dans le racisme pur et dur pour pouvoir continuer à souffrir mille morts. A quoi le reconnaît-on, entre autres refrains verbaux ou gestuels? A une petite manie qu'il a de toujours s'y mettre sans jamais passer àl'acte. C'est un fana, un inconditionnel du verbe « aller », cuisiné à toutes les sauces. Jamais, au grand jamais, il ne conjuguera le moindre verbe sans l'accoler religieusement à ce verbe. C'est un homme en mouvement théoriquement perpétuel.

GESTE N° 482. Votre interlocuteur frotte constamment la **pulpe** de son pouce contre la pulpe de son index, sans qu'il soit pour autant question d'argent. ☹ ou ☺ suivant l'usage qui en est fait!

Ce qui signifie : Ce sac de nœuds est un cadeau de Noël pour apprenti psychanalyste ! Si j'étais vous je m'abstiendrais de l'entraîner dans un entretien ou de lui soumettre quoi que ce soit. Evidemment, si vous avez l'âme d'un sauveur ou les aptitudes d'une infirmière en psychiatrie, je m'en voudrais de gâcher votre plaisir.

GESTE N° 483. Il frotte compulsivement la **pulpe** de son pouce contre celle des autres doigts en remontant de la pulpe de l'auriculaire.
☺ mais il faudra le driver comme un caddy dans un hypermarché !

Ce qui signifie : Votre interlocuteur rejette la réalité au profit des aspects magiques de son vécu. Il se fait souvent avoir parce qu'il veut que les autres réalisent ses rêves à sa place. Ses choix sont fonction de ses coups de cœur. Apragmatique, myope, véritable prophète à ses heures, il imagine plus qu'il n'agit, se berce d'illusions toutes roses qu'il défendra en paroles. Il adore, il adule, il admire sans restriction aucune. C'est un dévot surréaliste bourré de talents dont le moi est trop fragile pour qu'il puisse atteindre ses objectifs en solitaire. Il lui faut de l'aide, de l'amour et un substitut maternel pour le protéger des prédateurs qui tirent profit de ses rêves. Son seul gros défaut : il laisse tout traîner derrière lui.

41

LES JAMBES

Cuisses et chevilles

Pourquoi avons-nous besoin de croiser les jambes? N'est-il pas plus naturel d'enraciner ses pieds dans le sol?

Les primitifs ont une manière bien à eux de s'asseoir, ils replient leurs cuisses sur les mollets, le postérieur suspendu au-dessus des talons à quelques centimètres du sol. Ils ne possèdent évidemment ni sièges, ni fauteuils confortables pour y poser leur postérieur. Par ailleurs, certaines peuplades privilégient la position assise en tailleur.

Observez les gens assis autour de vous, vous n'en trouverez pas beaucoup dont les deux pieds reposent sereinement sur le sol! La plupart des individus de nos contrées croisent les jambes sous la table ou leurs chevilles sous la chaise. Certains même, les femmes surtout, entortillent la jambe gauche de leur jambe droite et vice-versa.

Le fait de croiser les jambes est-il une position naturelle ou s'agit-il d'une posture dictée par les circonstances? Les femmes vous répondront qu'il n'est aisé de poser les pieds à plat sur le sol avec une mini-jupe qui découvre souvent plus que la moitié des cuisses. Il faut admettre également que cette position est éminemment suggestive.

ET SI NOUS VIVIONS NUS

Je vous propose de tenter une expérience sans témoin dans l'intimité de la solitude, si vous en avez l'occasion. Promenez-vous tout nu dans votre appartement, regardez la télévision ou lisez un livre dans le plus simple appareil. Vous constaterez très vite qu'il est plus agréable de décroiser vos jambes ou vos chevilles et de poser vos pieds sur le sol. Le corps libéré de sa prison (vos vêtements) retrouvera très vite les poses naturelles qui conviennent à vos chaînes musculaires. Votre attitude mentale ne ressentira plus le besoin de dissimuler vos parties génitales faute d'indiscrétion. Si vous avez l'occasion de rééditer cette expérience à plusieurs reprises, vous constaterez progressivement que votre corps adoptera instinctivement des postures simples, c'est-à-dire non contraignantes pour vos muscles jambiers. Refaites la même expérience en compagnie de votre conjoint, si cela s'avère possible, vous aurez la surprise de constater que vos attitudes corporelles auront tendance à retrouver leurs positions sociales, jambes croisées. En analysant le sens de votre nouvelle posture, vous réaliserez que le croisement de vos jambes ou de vos cuisses démarrent d'une angoisse bien connue des psychologues : la peur de la castration.

Le fait de partager son espace vital avec un conjoint, un étranger ou des interlocuteurs de passage entraîne toujours une réaction inconsciente de protection du centre de gravité du territoire corporel : le sexe.

Mais il ne suffit pas d'être seul pour se sentir en sécurité. Tant que vous conservez vos vêtements, l'attitude de vos jambes en privé ne sera pas différente de celle qu'elles adoptent en public. L'habillement est avant tout une protection sociale destinée à cacher le corps aux yeux d'autrui.

Si vous pratiquez le nudisme pendant vos vacances, observez les autres vacanciers qui, comme vous, se balladent dans le plus simple appareil sous les pinèdes ou sur la plage. Mieux! Vérifiez les positions de leurs jambes quand ils sont assis au bar ou au restaurant. Vous constaterez à l'évidence que leur attitude corporelle est nettement moins empruntée que celle à laquelle il vous serait loisible d'assister dans un lieu de vacances classique.

Les jeux de jambes sont indissociables des positions du corps, qu'ils soient associés à la **position assise** ou à la **station verticale.** Prenez donc vos jambes à votre cou et rendez visite aux deux chapitres évoqués!

LES CUISSES

Zone érogène par excellence, les séquences gestuelles impliquant les cuisses entraînent parfois une traduction de type sexuel. La recherche du plaisir est privilégiée par l'individu qui entretient une relation gestuelle privilégiée avec cette partie de son corps. Les enfants non pubères affectionnent cette zone corporelle. Ils s'endorment volontiers en insérant leurs mains pressées l'une contre l'autre entre les cuisses serrées. Mais les cuisses ne sont pas uniquement les ambassadrices de nos plaisirs charnels. Peu s'en faut! Dans le contexte d'une négociation, par exemple, elles auraient plutôt tendance à sous-entendre que la rencontre est mal engagée.

Si votre interlocuteur, en position assise, a pour habitude de poser ses mains sur ses cuisses ou sur l'une d'entre elles, de les serrer dans les pinces pouce-index dans le cadre d'un entretien, prenez garde! Sachez qu'il s'agit-là d'attitudes de rejet ou de refus. En effet, la cuisse gauche correspondrait, selon mes observations, à la peur de l'échec, tandis que la cuisse droite marquerait que votre interlocuteur se méfie de vos propositions.

GESTE N° 484. Votre interlocuteur appuie ses paumes sur ses **cuisses** tandis que ses doigts sont refermés comme des mains de singe.
 ou  si vous vous sentez l'âme d'un sauveur!

> ***Ce qui signifie*** : Hier encore, son avenir était droit devant lui, mais aujourd'hui il a perdu ses marques et ses intuitions. Sa lucidité proverbiale est en sommeil. Il était spontané, réceptif, attentif et toutes ces belles qualités semblent s'être évanouies dans les ambitions froissées de sa carrière. Il a sûrement l'impression d'être dépersonnalisé,

comme absent de lui-même, épuisé par une atmosphère cafardeuse qu'un 1er janvier. La frustration lui fait des avances, l'insatisfaction chronique le guette et il vous dira qu'il n'a plus la force de réagir. Il cultive l'insignifiance comme un trait de crayon qui attend sa gomme. Si vous voulez lui venir en aide donnez-lui l'autorisation de fantasmer et le soleil percera très vite la couche de ses nuages! Soyez la femme d'ouvrage qui refera le ménage dans le désordre de ses pensées! Mais gare aux retours de manivelle! Si vous affectisez trop bien votre fonction de psy, il risque de s'en sortir haut la main en vous laissant sur le carreau.

GESTE N° 485. Il serre très fort sa **cuisse** droite de la main correspondante.

Ce qui signifie : Vous pouvez lui demander n'importe quoi, il vous dira toujours oui, même s'il n'est pas d'accord. Il est incapable de dire non. Mais si vous comptez sur lui, il vous laissera choir au moment le plus mal choisi.

GESTE N° 486. Il serre très fort sa **cuisse** gauche de la main correspondante.

Ce qui signifie : Votre interlocuteur est un parasite de haut vol. D'ailleurs, si vous le flattez, vous verrez un homme en lévitation, pour la première fois de votre vie. Hélas, il ne suffit de le flatter pour qu'il ouvre son bec et perde son fromage.

LES CHEVILLES

Les chevilles sont le siège de la motivation au niveau du schéma corporel. Si vous avez mal aux chevilles, il y a fort à parier que votre motivation professionnelle a subi quelques revers récents ou que, tout simplement, vous êtes en période de démotivation. Symboliquement, si on vous fait remarquer que vous avez les chevilles enflées, vous pourrez considérer que votre contempteur considère que votre motivation dépasse largement vos possibilités. A vous de confirmer ou d'infirmer son diagnostic! Soyez, néanmoins, attentif à vos chevilles et à leur mode d'expression somatique!

Les chevilles sont souvent considérées comme un point faible du corps étant donné qu'elles sont terminées à l'arrière des jambes par les tendons d'Achille. Les tendinites d'Achille sont une pathologie articulaire fréquemment rencontrée dans les cabinets des kinésithérapeutes. J'ai observé à plusieurs reprises que des étudiants souffrant de troubles des schémas volontaires avaient tendance à entrecroiser leurs doigts sur leur cheville droite tout en croisant les jambes en équerre. A l'opposé, certains de mes patients masculins atteints d'impuissance sexuelle ou ayant eu des difficultés dans ce domaine avaient plutôt tendance à effectuer le même geste en entrecroisant leur doigts sur la cheville gauche. Existe-t-il un rapport indirect ou symbolique entre la cheville droite et la volonté humaine? A l'inverse, la cheville gauche est-elle reliée psychologiquement aux difficultés entraînant une insatisfaction sexuelle? Ces questions restent ouvertes! L'observation ne suffit pas à statuer. Elle permet tout juste de poser l'hypothèse que d'autres seront peut-être amenés, un jour, à vérifier.

Le langage des chevilles se situe principalement dans le chapitre constitué par les jambes croisées ou non, en **position assise**.

GESTE N° 487. Votre interlocuteur croise sa **cheville** gauche sur sa cheville droite, quelle que soit la position de ses jambes.

> ***Ce qui signifie*** : Cette attitude, comme la suivante d'ailleurs, qui ne signifie pas grand-chose en temps normal, est un véritable aveu d'inefficacité professionnelle dans le contexte d'un entretien ou d'une négociation. Attention à la latéralité de votre interlocuteur bien que l'avers vaille le revers comme vous vous en rendrez compte en lisant l'interprétation consacrée au geste miroir qui suit (n° 488).

GESTE N° 488. Votre interlocuteur croise sa **cheville** droite sur sa cheville gauche, quelle que soit la position de ses jambes. ☺

Ce qui signifie : Le caractère répétitif de ce geste, dans un contexte professionnel, signifie que votre interlocuteur est un original qui se démarque de ses frères de labeur. Crédule du premier au dernier degré, naïf professionnel, grand amateur de créativité « food » pré-emballée que vous n'aurez aucun mal à convaincre pour autant que votre projet lui ressemble.

GESTE N° 489. Votre interlocuteur entrecroise ses doigts sur sa **cheville** gauche surélevée. ☺ ☺

Ce qui signifie : Ce sont les idées qui sont faites pour les hommes et non les hommes pour les idées. Votre interlocuteur pourrait souscrire à ce genre de profession de foi. C'est l'homme des solutions insolites, le travailleur infatigable à l'imagination lumineuse. C'est un créatif pur et dur. Il deviendra millionnaire du jour au lendemain ou peinera sa vie durant. De l'incrédulité des masses au plébiscite du génie, il n'y a même pas l'espace qui sépare deux molécules. Mais pour un créatif comme votre interlocuteur, franchir cet espace lui semblera toujours un exploit à la démesure de ses talents vagabonds. Il est fou, oh oui! Mais ce fou-là vaut bien une messe.

GESTE N° 490. Votre interlocuteur entrecroise ses doigts sur sa **cheville** droite surélevée. ☺ ☺

Ce qui signifie : Il pratique le culte de sa personnalité avec une passion digne d'une star de cinéma. Le moi de votre interlocuteur est hypertrophié. C'est une vedette de naissance avec un goût du prestige exacerbé. Volontaire, médiatique, promoteur, superman, affirmatif, souvent brillant dans la partie qu'il maîtrise d'instinct, il a également le goût de vaincre chevillé au corps de ses vertus. Perspicace, il ne s'en laisse pas conter, il sait mieux que vous ce qu'il vaut. C'était déjà un lauréat en herbe à l'école primaire. Il veut connaître la gloire et vivre dans le panthéon de la Jet Set. C'est son seul et unique objectif, aussi vain qu'il vous paraisse. Il dévore la vie à belles dents, sans se soucier du sort de ses contemporains. Il est intemporel. Le caractère répétitif de son attitude corporelle tendrait à prouver que vous avez éveillé sa curiosité. Investissez la forteresse, la porte est entrouverte!

GESTE N° 491. Votre interlocuteur entrecroise ses doigts sur les deux **chevilles** surélevées, les cuisses pressées contre la poitrine. ☹ ☹

Ce qui signifie : Cette attitude est coutumière dans certains secteurs d'activité créatifs. Le défaitisme de votre interlocuteur est tellement transparent qu'il polluera très vite l'atmosphère de votre entretien ainsi que votre climat mental. Vous n'en tirerez jamais rien de bon, de toute façon. Il ne pense qu'à s'auto-détruire et à entraîner tous ceux qui ont la malchance de travailler avec lui.

GESTE N° 492. Les **chevilles** de votre interlocuteur sont croisées, pieds posés sur les tranches. ☺

Ce qui signifie : Il est plutôt conciliant, convivial et laxiste. Votre interlocuteur a toujours peur de paraître ridicule aux yeux de son entourage. Il préfère se laisser marcher sur les pieds que d'affirmer son autorité. Comme ça, nul ne pourra prétendre qu'il n'aime pas son prochain. Cette peur du ridicule est son plus grave handicap, elle l'oblige à s'exprimer par énigmes pour ne pas affronter la vie à bras le corps. Il fera beaucoup de détours pour ne pas avoir à vous opposer un refus.

42

LES PIEDS

Talons et orteils

Qu'ils soient grands, petits, larges ou étroits, les pieds sont les ailes de l'homme debout. Nous sommes tellement habitués à marcher dessus que nous ne réalisons plus qu'une si petite surface, même multipliée par deux, parvient à nous supporter sans rechigner. Pour un homme qui chausse du 42, ce sont deux fois 234 cm^2 environ qui soutiennent un corps de 70 kilos d'une hauteur moyenne de 1,70 m.

Comment s'étonner dès lors que l'on trouve une correspondance de tous les organes du corps sur les plantes de nos pieds, s'il faut en croire les spécialistes de la réflexologie plantaire.

Talons et orteils se retrouvent également dans ce chapitre qui termine ce lexique.

GESTE N° 493. Votre interlocuteur, assis, pose le **talon** droit sur le bord de son siège. ☹ ☹

> ***Ce qui signifie*** : Si vous réveillez sa colère, c'est vous qui risquez de sauter, pour autant qu'il détienne le pouvoir.

GESTE N° 494. Votre interlocuteur, assis, pose le **talon** gauche sur le bord de son siège. ☹ ☹

Ce qui signifie : Votre interlocuteur est tellement tenace qu'il n'arrive plus à décrocher quand ce serait nécessaire. C'est un petit malin qui utilise le chantage affectif pour se faire apprécier par ses collègues. N'essayez jamais de le contrarier, il est très soupe au lait et puis ne lui soumettez jamais aucun projet, il déteste les idées des autres. Ca lui laisse des aigreurs sur l'estomac !

GESTE N° 495. L'équilibre des jambes allongées vers l'avant repose sur le **talon** droit, jambe gauche croisée sur la droite à hauteur de la cheville, **en position assise.**

Ce qui signifie : Convivial mais un peu hasardeux ! Il est évidemment essentiel de vérifier discrètement si vous avez affaire à un droitier. Car si votre interlocuteur est gaucher, son geste correspond à l'interprétation suivante.

GESTE N° 496. L'équilibre des jambes de votre interlocuteur repose sur son **talon** gauche, jambe droite croisée sur la gauche à hauteur de la cheville, en **position assise.**

Ce qui signifie : Il est né sous la bonne étoile, le veinard ! Je ne sais pas si vous l'avez déjà remarqué mais il y a des gens qui sont fait pour la réussite comme d'autres sont nés pour glisser sur des peaux de banane. C'est son optimisme incassable qui est à l'origine de sa prospérité. Autant dire tout de suite que si vous avez la chance de l'avoir dans votre camp... Attention à sa latéralité, toutefois !

GESTE N° 497. Le **talon** du pied droit de votre interlocuteur **assis** écrase les orteils de son pied gauche.

Ce qui signifie : Encore un « pro du dimanche » comme les chauffards du même club ! Pas la peine de vous investir, il disparaîtra de votre paysage au premier coup de vent.

GESTE N° 498. Le **talon** du pied gauche de votre interlocuteur **assis** écrase les orteils de son pied droit. ☺

> ***Ce qui signifie*** : S'il n'était pas paralysé par sa timidité, il serait tout ce qu'il n'est pas. Professionnel de la racine des cheveux jusqu'à la pointe des souliers, c'est le parangon de la créativité, de la coopération et de la générosité, il a tout simplement peur d'être mal compris et cette peur occulte totalement ses véritables potentiels. C'est un être totalement coincé dans toutes ces circonstances où les autres se sentent parfaitement à l'aise. Il vous aidera, si vous lui redonnez confiance en lui.

GESTE N° 499. Votre interlocuteur croise ses chevilles sous sa chaise; ses pieds sont posés sur la pointe, c'est-à-dire sur les **orteils**. ☺ ☺

> ***Ce qui signifie*** : Ce n'est pas un chorégraphe refoulé mais un excellent vendeur qui fait des pointes — ou le gros dos — en attendant que vous lui laissiez l'occasion de vous persuader qu'il a raison et que vous avez tort. Soyez sport! Il vous rapportera d'autant plus qu'il s'entêtera jusqu'à la ligne d'arrivée.

GESTE N° 500. Il est assis, les talons surélevés, jambes côte à côte en appui sur les **orteils** recroquevillés. ☺ ☺

> ***Ce qui signifie*** : Votre interlocuteur est prêt(e) à prendre des risques. Il est possible qu'il n'en revienne pas encore d'avoir eu l'audace de s'exprimer. Son attitude mentale est plutôt favorable à vos propositions. Mais ne le brusquez pas, prenez le temps d'exposer vos idées avant de conclure! Dans l'ensemble, vous avez affaire à un introverti doublé d'un timide.

Ce geste non répertorié illustre admirablement le personnage qui l'utilise : Il signifie bien ce qu'il semble vouloir dire : « Vous êtes bon pour l'échafaud ! » S'agit-il de sa tête ou de celle de son interlocuteur ? L'index coupable de Nicolas Sarkozy étant le gauche, on peut supposer sans trop se tromper que Monsieur le ministre est un fils à sa maman. Il garde donc toute ses chances et bonifiera en prenant de la bouteille.

INDEX ANALYTIQUE

BIBLIOGRAPHIE SOMMAIRE

Le cœur de l'homme, de Erich FROMM (Payot)

Secrets of power presentations, de Peter Urs BENDER (Singer Media Corporation)

The pocket Guide to manwatching, de Desmond MORRIS (Triad Grafton books)

Le couple nu, de Desmond MORRIS (Grasset)

Lisez dans vos adversaires à livre ouvert, de Gérard NIERENBERG et Henry CALERO (First)

Les gestes vérité, de François SULGER (Sand)

Le pouvoir des gestes, de Roger E. AXTELL (Interéditions)

Le langage des gestes, de Nathalie PACOUT (Marabout)

Recruter ou être recuté avec la P.N.L., de D. GARIBAL-BENICHOU (Ed. de l'Organisation)

Cet ouvrage a été reproduit et achevé d'imprimer le 20 mai 1994
par Normandie Roto Impression s.a., 61250 Lonrai
pour le compte des Éditions FIRST

N° d'édition : 287
N° d'impression : I4-1030
Dépôt légal : mai 1994